Handbuch
der Deutung

DAS ■ CHINESISCHE ■ ASTROLOGIE SET

Handbuch der Deutung

DEREK WALTERS UND HELEN JONES

Gewidmet in Dankbarkeit und Respekt meinem verehrten Freund und Lehrer,
Großmeister Richard Tsui, Wahrsager am Wong Tai Sin-Tempel in Hongkong

Der Integral Verlag ist ein Unternehmen
der Econ Ullstein List Verlag GmbH & Co. KG

ISBN 3-7787-9093-5

Das englische Originalset erschien 2001 unter dem Titel
»The Chinese Astrology Kit« im Verlag Eddison Sadd, London.
Copyright des Texts © 2001 by Derek Walters
Copyright der Illustrationen © 2001 by Helen Jones
Copyright der englischen Ausgabe © 2001 by Eddison Sadd Editions
Copyright der deutschen Ausgabe © 2001 by Econ Ullstein List
Verlag GmbH & Co. KG, München
Alle Rechte sind vorbehalten. Printed in China.

Redaktion: Anja Schmidt
Gesetzt aus der New Baskerville und Frutiger
bei Reinert & Partner, München
Druck und Bindung:
Hung Hing Offset Printing Co. Ltd., China

INHALT

甚麼是命數

Teil 1

WAS IST CHINESISCHE ASTROLOGIE?

In ihrer Freizeit strömen in Hongkong, Taiwan und heutzutage auch auf dem chinesischen Festland die Menschen in Scharen in die Tempel, um sich von den dortigen Wahrsagern ihr Schicksal vorhersagen zu lassen. Wie im Westen basiert das Horoskop auch im Fernen Osten auf dem Datum und der Stunde der Geburt, aber damit erschöpfen sich alle Gemeinsamkeiten. Nach chinesischer Auffassung wird unser Geschick nicht von der Bewegung der Planeten bestimmt, sondern von ihren Einflüssen, die sich in einer Reihe endloser Zyklen manifestieren. Selbst auf der einfachsten Stufe steht hinter dem volkstümlichen Zyklus der Zwölf Tiere eine ganz andere Vorstellung als die uns vertraute westliche, denn das Tierzeichen wird durch das Geburtsjahr bestimmt und nicht – wie das Sternzeichen – durch den Geburtstag.

Chinesische Astrologen entschlüsseln nicht nur die Aussichten einer Person auf Reichtum, Gesundheit, Ruhm und Glück, sondern erklären auch, was man tun kann, wenn die Zukunft nicht allzu viel versprechend aussieht. Dieser Teil des Buchs gibt eine Einführung in die vier Faktoren, die nach dem traditionellen chinesischen Horoskop unsere Geschicke beherrschen: Jahr, Monat, Tag und Stunde der Geburt. Diese werden auf der Grundlage des Gleichgewichts von Yin und Yang, der Zwölf Tiere des Zodiak und der Fünf Elemente der chinesischen Kosmologie analysiert. Sobald dieses Fundament gelegt ist, kann das Horoskop die Drei Welten enthüllen: die Vergangenheit, die Gegenwart und die Zukunft.

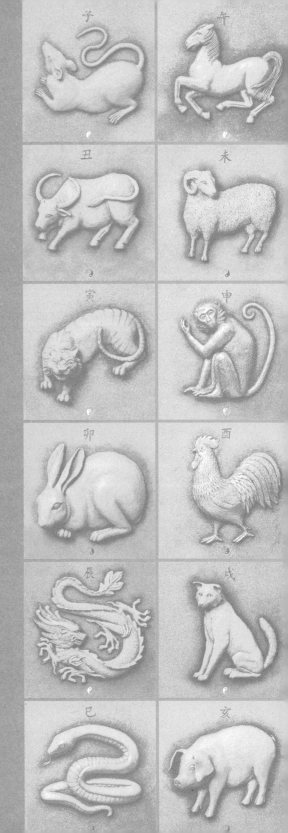

DAS CHINESISCHE HOROSKOP

Bis vor wenigen Jahren war von der chinesischen Astrologie im Westen nicht mehr als der berühmte Tierkreis mit den Zwölf Tieren bekannt, welcher mit dem Jahr zusammenhängt, in dem eine Person geboren wurde. Wenn das allein schon alles wäre, läge der Fehler in diesem System offensichtlich darin, dass alle Menschen, die in einem bestimmten Jahr geboren würden, denselben Launen des Schicksals unterworfen wären. Wie wir im Folgenden herausfinden wollen, gehört aber zum chinesischen Horoskop natürlich mehr als nur das Tierzeichen, welches das Geburtsjahr beherrscht.

In mancher Hinsicht jedoch hat diese grobe Deutung des menschlichen Schicksals, die alle Persönlichkeiten eines bestimmten Jahrgangs in die gleiche Kategorie einordnet, durchaus ihre Berechtigung. Jeder Lehrer wird bezeugen, dass die Schüler eines bestimmten Jahrgangs ihre eigene Art von Gruppenpersönlichkeit haben, so individuell verschieden jeder Einzelne sein mag. Es könnte auch universale Faktoren geben: vielleicht das Klima oder die politischen Verhältnisse, welche die Kindheit beeinflusst und bestimmte Züge der Persönlichkeit geprägt haben.

Jedoch kommen bei der Erstellung eines chinesischen Horoskops noch drei andere, wesentliche Faktoren ins Spiel. Dies erwähnte schon Marco Polo in seinem bekannten Bericht über seine Reisen durch die Mongolei und China. Obwohl seine Vorstellung vom chinesischen Tierkreis etwas verworren war, muss er tatsächlich Beispiele chinesischer Horoskope gekannt haben, denn er äußerte sich zu einem ihrer wesentlichen Kennzeichen: „Wenn ein Astrologe für jemand ein Horoskop erstellen will, fragt er ihn nach Jahr, Monat, Tag und Stunde seiner Geburt." Diese Feststellung verwundert zuerst einmal. Denn auch westliche Astrologen müssen das Datum und die Zeit der Geburt kennen, um ein Horoskop zu erstellen – wie Marco Polo wohl gewusst haben dürfte. Warum es dann also erwähnen, als ob es etwas Besonderes wäre?

DIE VIER SÄULEN

In einem traditionellen chinesischen Horoskop würden diese vier Aspekte eines Datums an der Spitze von vier Spalten stehen, da die chinesische und die mongolische Schrift senkrecht von oben nach unten geschrieben werden. Deshalb bezeichnen die Chinesen die Grunddaten eines Horoskops als die Vier Säulen. Da ferner jeder der vier Zeitfaktoren (Jahr, Monat, Tag und Stunde) durch zwei chinesische (Schrift-)Zeichen ausgedrückt wird – den Stamm und den Zweig –, werden die Vier Säulen auch Acht Zeichen genannt.

Wenn eine Familie eine Ehe arrangieren wollte, war es im Alten China Sitte, dass der junge Mann seiner Auserwählten eine Karte mit seinen Acht Zeichen schickte. Wenn die Familie des Mädchens den Antrag ablehnen wollte, wurde die Karte zurückgeschickt, mit der betrüblichen Mitteilung, dass die Horoskope der beiden unvereinbar waren. Wurde der Antrag aber angenommen, pflegte man die Karte zusammen mit den Acht Zeichen der zukünftigen Braut zurückzusenden.

Als die chinesische Astrologie im Westen populär wurde, schienen sich die wenigen Bücher zu diesem Thema fast ausschließlich auf die Beschreibung der zwölf Persönlichkeitstypen des chinesischen Tierkreises zu beschränken. Aber angesichts des wachsenden Interesses an diesem faszinierenden Thema ist nun der Zeitpunkt gekommen, um sich eingehender mit dem chinesischen Horoskop zu beschäftigen.

DER CHINESISCHE KALENDER

Eines der großen Hindernisse für ein tieferes Verständnis der chinesischen Astrologie ist ihre Abhängigkeit von dem äußerst komplizierten chinesischen Kalender. Die Chinesen benutzen nämlich verschiedene Kalender gleichzeitig. Einer davon basiert auf den Mondphasen, und das ist auch der Grund dafür, dass die Chinesen das Neujahrsfest jedes Jahr an einem anderen Tag feiern. Zusätzlich werden die Tage nicht nur nach den sieben Tagen der Woche gezählt, sondern auch nach den zehn Tagen einer altchinesischen „Woche" (nach den 10 Himmlischen Stämmen), nach einer weiteren Art von „Woche" mit zwölf Tagen (nach den 12 Irdischen Zweigen), einer weiteren aus einer Mischung aus zwölf und dreizehn Tagen und schließlich nach etwa 15-tägigen Halbmonaten (durch Einteilung des Jahres in 24 gleich lange Abschnitte). Und seit dem 20. Jahrhundert benutzen die Chinesen auch den westlichen Kalender, der auf den Bewegungen der Erde um die Sonne basiert.

Wenn es darum geht, das Horoskop einer bestimmten Person zu berechnen, gibt es ebenso viele Methoden, den Jahresanfang zu berechnen, wie es Kalendersysteme gibt.

Der Grund für die ganze Konfusion ist darin zu suchen, dass der alte chinesische Mondkalender für die Astronomen, die den Himmel genau vermessen wollten, nutzlos war. Daher brauchten sie einen Kalender, der auf den besser vorherzusagenden Bewegungen der Erde um die Sonne basierte. Beide Kalender waren jedoch für Astronomen erforderlich, um Sonnen- und Mondfinsternisse vorhersagen zu können, die in alter Zeit als böses Omen galten. Ein Fehler bei der Vorhersage einer Finsternis bedeutete, dass die notwendigen Rituale zur Verhinderung von Katastrophen nicht rechtzeitig ausgeführt werden konnten. Zahlreiche Geschichten in den chinesischen Klassikern berichten von den schrecklichen Konsequenzen.

Uns im Westen betreffen diese akademischen Probleme nicht, denn unser Kalender ist astronomisch gesehen so präzise wie nur möglich. Bei uns besteht das einzige Problem darin, dass man alle vier Jahre einen zusätzlichen Tag hinzufügen muss, um mit den scheinbaren Himmelsbewegungen in Übereinstimmung zu bleiben.

Wenn man diese Probleme und die tieferen Gründe für diese Kontroversen kennt, bedeutet das, dass der Streit und die Verwirrung um die Vielzahl der chinesischen Kalender leicht gelöst werden kann, indem man ganz einfach den westlichen Kalender zum Fundament für die Berechnung des chinesischen Horoskops macht. Mit Hilfe der Horoskop-Tafeln in diesem Set können die Vier Säulen in allen Fällen korrekt und eindeutig berechnet werden – mit Ausnahme von Zweifelsfällen bei Geburtsdatum und -zeit, bei denen es auf minimale Zeitdifferenzen ankommt. Falls Ihre eigenen Geburtsdaten zwischen zwei Möglichkeiten liegen, dann sind Sie offensichtlich ein besonderer Mensch, der zwei Horoskope erstellen sollte, um herauszufinden, welches am besten zu ihm passt. Wahrscheinlich entdecken Sie dann ein bisschen von beiden in sich.

DIE GESTALTUNG

Bevor wir uns für eine bestimmte Form für die Horoskopkarten in diesem Set entschieden, haben wir ein breites Spektrum von verschiedenartigen Karten aus einem Zeitraum von zweitausend Jahren sorgfältig studiert. Diese Karten stammten aus verschiedenen Provinzen Chinas ebenso wie aus anderen Ländern im Fernen Osten, wie Japan, Thailand, Tibet, die Mongolei und Sibirien. Einige davon fanden wir in tausendjährigen Handschriften, die von eifrigen und gelehrten Mönchen in Höhlenklöstern in Nordchina verfasst worden waren. Bei anderen handelte es sich um seltene Holzschnitte, die sich in den unbezahlbaren Sammlungen der British Library befinden. Andere sind nichts

Warum Karten benutzen?

Wie bereits erwähnt setzt sich jede der Vier Säulen aus je einem Stamm und einem Zweig zusammen. Die Stämme beziehen sich auf die Fünf Elemente der chinesischen Kosmologie (Holz, Feuer, Erde, Metall und Wasser) und die Zweige auf die Zwölf Tiere. Die Horoskopkarten in diesem Set ermöglichen es Ihnen, mit Hilfe einfacher Anweisungen die Tiere und Elemente für jede Säule zu bestimmen; so erhalten Sie ein komplettes Chart aus acht Karten. Dieses einzigartige System erlaubt es Ihnen, Ihr Horoskop unmittelbar visuell zu analysieren, da Sie auf einen Blick die Verteilung von Tieren und Elementen sowie von Yin und Yang erkennen können. So können Sie das Profil der Persönlichkeit deuten und gewinnen Einsicht in die Stärken und Schwächen der Person, ihre Beziehungen mit anderen Menschen und den Einfluss ihrer Tiere und Elemente auf alle möglichen Lebensbereiche.

Die Karte für das Jahrestier wird in die Mitte des Charts gesetzt – als visuelle Verankerung, die mit den sieben anderen Faktoren des Horoskops in Verbindung steht. Dann werden das Jahres-Element und im Folgenden jeweils Tierzeichen und Element (Stamm und Zweig) von Monat, Tag und Stunde der Geburt eines Menschen um diese zentrale Karte angeordnet. Auf diese Weise steht das wichtige Tages- bzw. Schlüsselelement am Kopf des Horoskops und im Zentrum Ihr Tierzeichen.

Die Entscheidung für ein siebeneckiges Chart hat – außer der Übersichtlichkeit – im Rahmen der chinesischen Astrologie noch eine weitere Bedeutung. Die chinesischen Klassiker behaupten nämlich, dass unsere Geschicke von den Sieben Regulatoren beherrscht werden: das sind entweder Sonne, Mond und die fünf Planeten der Astrologie oder – wie in diesem Fall – Yang, Yin und die Fünf Elemente der Kosmologie.

weiter als Kopien von einfachen Zeichnungen, angefertigt von ungebildeten Bettlern, die mit einem Beutel voll zerfranster Stoffkarten und bunter Glasperlen zum Zählen durch Asien gewandert sind.

Fast alle Karten-Sets hatten jedoch eines gemeinsam: Sie waren für die Arbeit der Astrologen entworfen. Für den Kunden wären sie so sinnlos und etwa so nützlich wie der Flugplan eines außerirdischen Astronauten gewesen. Das Ziel des vorliegenden Astrologie-Sets ist es jedoch, nicht zu mystifizieren, sondern das Horoskop so klar wie möglich darzustellen. Zu diesem Zweck haben wir die Idee jener frühen buddhistischen Pioniere aufgegriffen, die sich die geniale Serie der Tiernamen ausgedacht haben, um ihre Horoskope und die Deutung für ihre Klientel verständlicher zu machen.

Es war deshalb notwendig, die Form des Horoskops neu zu gestalten, so wie es viele Astrologen in verschiedenen Ländern und zu verschiedenen Zeiten früher getan haben. Einige Astrologen würden vielleicht eine runde Form bevorzugen, andere eine quadratische. Ungefähr zur selben Zeit, als westliche Astrologen die altmodische „indische" Horoskop-Form abschafften und statt dessen der praktischeren kreisförmigen den Vorzug gaben, haben die chinesischen Astrologen ihr kreisförmiges zu Gunsten eines quadratischen Systems aufgegeben. Außerdem ist die „Vier-Säulen-Struktur" passend und praktisch für die von oben nach unten verlaufende chinesische und mongolische Schrift, aber für diejenigen von uns, die seitwärts schreiben, ein unbequemes Format. An dieser Stelle kommt die siebeneckige Form, die für dieses Set gewählt wurde, besonders gut zur Geltung.

In dem hervorgehobenen Feld auf Seite 10 sehen wir ein Beispiel für ein Horoskop, das sich ergibt, sobald Sie die Karten, die sich auf die Details Ihrer Geburt beziehen, zusammengesetzt haben. Wie Sie sehen werden, ist das Kartensystem von unschätzbarem Wert, wenn es darum geht, den Sinn Ihres Horoskops zu deuten.

DIE DEUTUNG

Nachdem Sie Ihr Horoskop zusammengestellt haben, folgt die Deutung. Alle Erklärungen in Teil II dieses Deutungs-Buches basieren auf altchinesischen Quellen. Die historischen Fakten, die auf den folgenden Seiten bei der Erklärung der Zwölf Tiere und der Fünf Elemente angeführt werden, liefern wichtige Einsichten für die Deutung des Horoskops. Es ist zwar interessant, das Persönlichkeitsprofil des Drachens und des Hundes oder die charakteristischen Eigenschaften einer Person mit einer Menge Feuer im Horoskop zu kennen, doch ist es für ernsthaft Interessierte weitaus wichtiger, die Vorstellungen und Überlegungen zu kennen, die diesen Beobachtungen zu Grunde liegen.

Wenn zu dieser soliden Grundlage noch die Weisheit der Erfahrung kommt, fehlt Ihnen nur noch eines, um chinesische Horoskope zu lesen und zu deuten. Um die Anfangsworte der Gespräche (Lunyu, I.1) des Konfuzius zu zitieren:

Lernen und fortwährend üben:
Ist das denn nicht auch befriedigend?

AUS: GESPRÄCHE DES KONFUZIUS

學而是習之
不亦説乎

DIE ZWÖLF TIERE

Der bekannteste Aspekt der chinesischen Astrologie ist der Zodiak der Zwölf Tiere. Doch bei den zwölf Tierzeichen von der Ratte bis zum Schwein handelt es sich nicht um die chinesische Version des westlichen Zodiak. „Ich bin Schütze – was entspricht dem im chinesischen Tierkreis?" ist eine Frage, auf die es keine Antwort gibt. Beide Systeme haben zwölf Zeichen, dessen zweites – Stier bzw. Ochse – zufällig übereinstimmen. Aber hier endet schon jede Gemeinsamkeit.

Weil wir im Westen Charakter und Temperament gern aus den Sternzeichen ableiten, ist es Mode geworden, dasselbe mit den chinesischen Tierzeichen zu tun. Aber ihre „tierischen" Merkmale sollten nicht allzu wörtlich genommen werden. Die zwölf Tiernamen sind in Wirklichkeit eine recht neue Errungenschaft der chinesischen Astrologie. Sie wurden eingeführt, damit sich die Astrologen die Charakteristika der einzelnen Zeichen besser merken konnten. So sind z.B. die besonderen Qualitäten des Hunde-Typus – Treue und defensive Einstellung – nicht aus den Merkmalen des Hundes abgeleitet. Vielmehr wählte man die Bezeichnung Hund deshalb, weil dies das Tier war, in dem sich jene besonderen Merkmale am besten vereinen ließen. Wenn wir tiefer in die faszinierende Welt des chinesischen Horoskops eintauchen, werden wir feststellen, dass die Tiernamen ein nützliches Werkzeug sind, um das Potenzial der zwölf Zeichen besser zu begreifen. Aber für den Astrologen ist es ebenso wichtig, den ursprünglichen Sinn der zwölf Zeichen zu verstehen.

DIE ZWÖLF ZWEIGE

Bevor wir die Rolle der Zwölf Tiere betrachten, lohnt sich ein Blick auf das astrologische System, das in China Tausende von Jahren vor der Einführung der Tiernamen in Gebrauch war. Aus den frühesten schriftlichen Aufzeichnungen geht hervor, dass die Chinesen ein System der Zeiteinteilung in Zwölferperioden benutzten – wie unsere zwölf Monate –, das als Zwölf (Irdische) Zweige bezeichnet wurde. Ursprünglich markierten diese Zweige die zwölf Wachen oder Zweistunden-Abschnitte des Tages. Für die erste Wache, die Mitternacht anzeigte, benutzte man ein Zeichen, das ein Baby darstellte, um die Geburt eines neuen Tages auszudrücken. Mittag wurde durch zwei Waagschalen dargestellt, um das Gleichgewicht zwischen der ersten und der zweiten Tageshälfte zum Ausdruck zu bringen. Sechs Uhr am Morgen, die Morgendämmerung, wurde durch die aufgehende Sonne angezeigt, während sechs Uhr am Abend, die Abenddämmerung, durch eine Weinflasche dargestellt wurde, um auf den Willkommenstrunk nach Beendigung des Tagwerks hinzuweisen. Aber im Lauf der Zeit wurden diese Zeichen stilisiert und ihre ursprünglichen Bedeutungen gerieten in Vergessenheit.

In einer sehr frühen Periode der chinesischen Geschichte wurden die Zwölf Zweige auch dazu benutzt, die Tage zu zählen. Weil es ferner zwölf Monate im Jahr gab, wurden die Monate ebenfalls nach den Zwölf Zweigen nummeriert. Seltsamerweise war jedoch das, was heute die gebräuchlichste Funktion der Zweige ist, das Zählen der Jahre, der letzte Teil des Datums, der auf diese Weise gezählt wurde. In früheren Zeiten wurden die Jahre anhand der Regierungszeit des Kaisers berechnet. Aber wenn man nach den Zwölf Zweigen zählte, brauchte man kein historisches Wissen. Wie schon seit etwa tausend Jahren geben auch heute alle chinesischen Kalender und Almanache den Irdischen Zweig für Jahr, Monat und Tag an.

DAS AUFTAUCHEN DER ZWÖLF TIERE

Nach mehreren Tausend Jahren wurde das System der Zwölf Irdischen Zweige durch den bis heute gebräuchlichen Zodiak der Zwölf Tiere ersetzt: Ratte, Ochse, Tiger, Hase, Drache, Schlange, Pferd, Schaf, Affe, Hahn, Hund und Schwein.

Es könnte aber durchaus sein, dass dieser Tierkreis keine chinesische Errungenschaft ist. Kurdische Schafhirten in Irak und Iran benutzen dieselben Namen, um die Jahre zu zählen, und in der Türkei existiert ein altes Zeremonialtor, auf dem diese Zwölf Tiere dargestellt sind. Am anderen Ende des asiatischen Kontinents bewachten Skulpturen der Zwölf Tiere die Grabanlagen der altkoreanischen Könige. Vielleicht handelt es sich bei den Zwölf Tieren um Stammestotems, deren Ursprung bei den nomadischen Reitervölkern Zentralasiens zu finden ist.

Vor zweitausend Jahren schienen die Zwölf Tiere in China noch unbekannt gewesen zu sein. So erwähnte der große Astronom Sima Qian im 1. Jh. v. Chr. nichts davon. Ungefähr im 8. Jh. n. Chr. begann der Tierkreis in ganz Asien in Kunst und Literatur zu erscheinen. Diese neue Vorstellung wurde wahrscheinlich von buddhistischen Mönchen, die ihren Lebensunterhalt mit dem Erstellen und Deuten von Horoskopen verdienten, aus Indien nach China mitgebracht. Die alten chinesischen

Zeichen waren nämlich schwer zu verstehen und zeigten keine besonderen Merkmale. Das Ersetzen der „algebraischen" Zweige durch Tierbilder war ein Geniestreich. Obwohl es dadurch nicht völlig überflüssig wurde, das alte System der Zweige zu verstehen, machte es der neue Tierkreis viel einfacher, den Sinn der einzelnen Zeichen zu behalten.

BEZIEHUNGEN

Die Menschen in China machen sich oft einen Spaß daraus, potenzielle Partnerschaften nach ihren Tierzeichen zu beurteilen. In der Tat werden junge Männer und Frauen oft davor gewarnt, Heiratspläne zu schmieden, wenn ihre Zeichen nicht harmonieren. Viele chinesische Sprichwörter geben entsprechende Ratschläge: „Bring nie eine Tigerin ins Haus." „Ochse und Pferd stehen nie zusammen im gleichen Stall." „Wenn Hase und Schlange zusammenkommen, winkt wahres Glück."

GÜNSTIGE ZEITEN

Die Auswahl von Partnern auf diese Weise ist ein Beispiel dafür, dass die Chinesen in ihrem Umgang mit der Astrologie sehr pragmatisch sind. Während man sich im Westen mit Vorliebe auf die spezifischen Persönlichkeitsmerkmale jedes Sternzeichens bezieht, ist man in China eher daran interessiert, welchen Nutzen man aus einem Horoskop ziehen kann. Weil jedes Zeichen für ein ganzes Jahr – statt eines Monats – steht, ist es möglich, eine Vorhersage darüber zu machen, was das kommende Jahr für Gesundheit, Wohlstand, Beruf und Glück bringen wird. Wenn man mit dem Horoskop besser vertraut ist, ist es ferner möglich, die Aussichten für längere oder kürzere Zeitabschnitte zu kalkulieren und herauszufinden, ob bestimmte Monate, Tage oder Zeiträume verheißungsvoll sind.

DIE SECHS HÄUSER DER TIERE

Die Zwölf Tiere bilden sechs Paare und wohnen in Sechs Häusern, die einen wichtigen Einfluss auf die Deutung des Horoskops haben (s. a. Abb. der 12 Tiere auf S. 7). Die Sechs Häuser sind Kreativität, Entwicklung, Spiritualität, Sexualität, Karriere und Häusliches Leben. Sie werden in der folgenden Tabelle dargestellt; ihre Bedeutung wird in den einleitenden Abschnitten zu jedem Tierzeichen in Teil II genauer erläutert.

DIE SECHS HÄUSER DER ZWÖLF TIERE

Tier	Yang/Yin	Haus	Bedeutung
Ratte Ochse	Yang Yin	Kreativität	Die Ratte ist der Initiator Der Ochse ist der Vollender
Tiger Hase	Yang Yin	Entwicklung	Der Tiger erobert mit Gewalt Der Hase erobert mit Diplomatie
Drache Schlange	Yang Yin	Spiritualität	Der Drache ist der Magier Die Schlange ist die Mystikerin
Pferd Schaf	Yang Yin	Sexualität	Das Pferd repräsentiert das Männliche Das Schaf repräsentiert das Weibliche
Affe Hahn	Yang Yin	Karriere	Der Affe hat Geschick Der Hahn hat Geschmack
Hund Schwein	Yang Yin	Häusliches	Der Hund baut auf Das Schwein richtet ein

Wie die Zwölf Tiere zu deuten sind

Die Zwölf Tiere und ihre Rolle im Horoskop werden in Teil II beschrieben. Die Beschreibungen sind in fünf Abschnitte gegliedert:

1 **Die Bedeutung des Zeichens:** Der ursprüngliche Sinn des Zeichens: Hier wird die grundlegende Symbolik und der Einfluss des Zeichens erklärt, als Hinführung zur genaueren Deutung des Horoskops.

2 **Persönlichkeit:** Das Tier für das Geburtsjahr ist der Hauptfaktor für die Bestimmung der Persönlichkeitsmerkmale und des Charakters. In der volkstümlichen chinesischen Astrologie entspricht das der westlichen Astrologie nach den Sternzeichen.

3 **Partnerschaft:** Ob zwei Menschen zusammenpassen, lässt sich beurteilen, indem man ihre Jahreszeichen vergleicht. Das gilt sowohl für Ehe- als auch für Geschäftspartner.

4 **Günstige Phasen:** Wenn man das Jahrestier mit dem Zeichen eines bestimmten Jahres (oder eines Tages, Monats oder längeren Zeitabschnitts) vergleicht, kann man grob abschätzen, ob das Jahr günstige Aussichten verheißt oder nicht.

5 **Einflüsse der anderen Tierzeichen:** Indem man die Tierzeichen für Monat, Tag und Stunde miteinander in Beziehung setzt, kann das Potenzial des Horoskops besser eingeschätzt werden. Dabei gilt es Kombinationen mit besonderem Einfluss auf das Horoskop zu berücksichtigen (s. nächste Seite).

TIERZEICHEN-KOMBINATIONEN

Bestimmte Kombinationen in einem Horoskop gelten als besonders günstig oder ungünstig. Beachtung verdienen vor allem die Vier Dreiecke und die Drei Kreuze (s. u.); entsprechende Tabellen zur schnellen Orientierung finden Sie auf S. 2-3 der Horoskop-Tafeln. Ferner gibt es zwei Zeichen, auf die man achten sollte: das Kurierpferd, das anzeigt, dass die betreffende Person weit reisen wird; und die Blume der Liebe, die zu Glück oder zu Selbstzerstörung führen kann (diese beiden Zeichen werden jeweils im 5. Abschnitt der Beschreibung der einzelnen Tiere angegeben). Aber diese Zeichen zeigen nur, welche Wege uns offen stehen; welche Richtung wir wirklich einschlagen, bleibt unsere Entscheidung (vgl. S. 88 Tierkreis-Uhr und Schritt 1).

Die vier Dreiecke Die Zeichen in diesen Dreiergruppen haben eine starke Affinität; dies gilt als äußerst günstig in einem Horoskop.	*Dreieck der Keativität* NORDEN / *Wasser* RATTE • DRACHE • AFFE Wenn diese Kombination in einem Horoskop auftaucht, zeigt das Menschen mit Inspiration und erfinderischem Genie an, die in der Lage sind, ihre Ideen zu verwirklichen.	*Dreieck des Handels und Geschäfts* WESTEN / *Metall* OCHSE • SCHLANGE • HAHN Dies bedeutet guten Geschäftssinn und die Fähigkeit, Fertiggüter zu produzieren und zu vertreiben. Es besteht die Aussicht auf Reichtum.	*Dreieck der Ambition* SÜDEN / *Feuer* TIGER • PFERD • HUND Die drei Jäger weisen auf eine Person mit starker Motivation hin, die entschlossen ist, um jeden Preis erfolgreich zu sein.	*Dreieck von Haus und Familie* OSTEN / *Holz* HASE • SCHAF • SCHWEIN Diese drei Zeichen versprechen ein reiches, fruchtbares und glückliches Leben.
Die Drei Kreuze Wenn zwei Zeichen sich im Tierkreis gegenüberliegen, z.B. Ratte und Pferd, oder wenn zwei Zeichen dazwischen liegen, z.B. zwischen Ratte und Hase, so gilt dies als ungünstig. Tauchen zwei oder drei Zeichen aus	derartigen Kombinationen (Kreuzen) in einem Horoskop auf, bedeutet das, dass hier Probleme zu lösen sind. Sind jedoch alle vier Zeichen zu einem Kreuz vereint, gilt dies als höchst positives Merkmal (vgl. Schritt 1 und Abb. S. 88).	*Die vier Blumen der Liebe* DIE VIER RICHTUNGEN RATTE • HASE • PFERD • HAHN Hier geht es um Macht und Ruhm. Diese Gruppe steht für Ausgleich durch Spannung. Der große chinesische Kaiser Qianlong (1711-1799) hatte diese Zeichen im Horoskop.	*Das Literarische Kreuz* DIE VIER ERDZEICHEN OCHSE • DRACHE • SCHAF • HUND Hier geht es um literarische und künstlerische Leistungen. Diese Gruppe steht für artistisches Potenzial. Johann Sebastian Bachs Horoskop enthielt diese vier Zeichen.	*Die vier Kurierpferde* DIE VIER ELEMENTE TIGER • SCHLANGE • AFFE • SCHWEIN Hier geht es um Reise und Emigration. Diese Gruppe steht für ständiges Reisen – ein nomadisches Leben oder Emigration (entweder freiwillig oder gezwungen).

Fehlende Zeichen

Wenn in einem Kreuz ein Tierzeichen fehlt, so kann ein bestimmter Lebens-Aspekt ungünstig betroffen sein (s. Horoskop-Tafeln, S. 3, für die betroffenen Bereiche). Dieses Problem kann während eines Zeitabschnitts gelöst werden, den das fehlende Tierzeichen dominiert. Eine andere Lösung wäre eine Partnerschaft mit einer Person, die das fehlende Zeichen als Jahrestier besitzt.

DIE FÜNF ELEMENTE

Die Fünf Elemente der taoistischen Philosophie – Holz, Feuer, Erde, Metall und Wasser – spielen eine zentrale Rolle in der chinesischen Wissenschaft und Kunst. In der chinesischen Astrologie werden sie durch zeitliche Faktoren – Stunde, Tag, Monat und Jahr – bestimmt.

So wie jedes Jahr sein eigenes Tierzeichen hat, so ist auch jedem Jahr ein bestimmtes Element zugeordnet: Die Jahre 1989 und 2001 waren z.B. Jahre der Schlange; aber 1989 war ein Jahr der Erd-Schlange und 2001 eines der Metall-Schlange. Der Persönlichkeitstypus eines bestimmten Zeichens lässt sich genauer bestimmen, indem man sowohl das Tierzeichen als auch das Element deutet. So ist z.B. der Typus Feuer-Pferd konservativer eingestellt als sein kreativerer Kollege, das Holz-Pferd. Und genauso wie jedes Jahr mittels eines Tierzeichens und eines Elements bezeichnet werden kann, gilt das auch für Monate, Tage und Stunden. Dies sind die wesentlichen Grundkomponenten bei der Erstellung und Deutung eines chinesischen Horoskops.

DER URSPRUNG DER FÜNF ELEMENTE

Nach der Legende wurde das Wissen um die Fünf Elemente den Menschen von den auf fünf Widdern reitenden Geistern der fünf inneren Planeten Jupiter, Mars, Saturn, Venus und Merkur gebracht. Jeder Widder hatte eine andere Farbe – grün, rot, gelb, weiß und schwarz; er repräsentierte eines der Fünf Elemente und hielt ein Getreidekorn im Maul, die ersten Feldfrüchte des chinesischen Volkes. Diese Legende hat eine überraschende Bedeutung.

Die erste Auflistung der Fünf Elemente steht im Shujing (im 2. Buch, Kap. 1, Vers 7), einem der chinesischen Klassiker; dort werden sie als die fünf wesentlichen Substanzen für den Getreideanbau beschrieben: Wasser, Sonnenlicht und Erde sowie Holz und Metall für Gerät.

ELEMENTE UND PLANETEN

Die Beziehung zwischen den Fünf Elementen und den fünf Planeten verdeutlicht einen wesentlichen Aspekt der chinesischen Astrologie. Das Element Holz wird mit Jupiter assoziiert; und als Element des Frühlings, der Wiedergeburt und der Schöpferkraft gilt es als das „weiblichste" aller Elemente. Venus, der „weibliche" Planet im Westen, wird bei den Chinesen als der Metall-Planet bezeichnet, weil er wie polierter Stahl leuchtet und schimmert. Weil er mit Herbst, Pflügen, scharfen Geräten und Schwertern in Verbindung gebracht wird, gilt er in China als maskulin. Die übrigen sind: der Erdplanet Saturn, der Feuerplanet Mars und der Wasserplanet Merkur.

Die Farben der Elemente entsprechen dem tatsächlichen Farbschimmer der entsprechenden Planeten. Wir haben bereits bemerkt, dass der Feuerplanet Mars rot und der Metallplanet Venus metallisch weiß leuchtet. Jupiter (Holz) hat eine blaugrüne Tönung und Saturn (Erde) erscheint gelb. Dem Merkur (einem weiteren weißen Planeten) scheint man die Farbe Schwarz irrtümlich zugeschrieben zu haben. Wenn man jedoch Wasser betrachtet, stellt man fest, dass es schwarz erscheint, wenn es den Himmel nicht reflektiert (s. Horoskop-Tafeln, S. 4, mit der Übersicht über die Attribute der Elemente).

SEQUENZEN DER FÜNF ELEMENTE

Weitaus wichtiger ist jedoch die Funktion zweier spezifischer Sequenzen, die im Verlauf der chinesischen Geschichte eine bestimmende Rolle im Feng-Shui, in der Astrologie, der Heilkunst und praktisch jedem Aspekt des sozialen Lebens ausübten.

Der Zyklus der Schöpfung
Die Fünf Elemente werden normalerweise im Zyklus der Schöpfung dargestellt: Holz – Feuer – Erde – Metall – Wasser und zurück zu Holz, wo der Zyklus aufs Neue beginnt: Holz erzeugt Feuer; Feuer lässt Asche (Erde) zurück; aus der Erde gewinnen wir Metall; Metall lässt sich schmelzen wie Wasser; und Wasser wird gebraucht, um die Pflanzen (Holz) zum Wachsen zu bringen.

Jedes Element in dieser Sequenz gilt als „Mutter" des folgenden. So ist Metall die Mutter von Wasser, Holz ist das Kind von Wasser. Zwei Elemente in einer Mutter-Kind-Beziehung stehen in Harmonie. Deshalb harmonieren Feuer und Holz, obwohl Feuer Holz verbrennt. Eine Mutter sorgt für ihr Kind und schenkt ihm ihre Liebe, ohne eine Gegenleistung zu verlangen. Wenn ein Element schwach oder abwesend ist, braucht es seine Mutter zur Unterstützung.

Da bestimmte Elemente Gesundheit, Wohlstand, Karriere oder Glück repräsentieren, ist es wichtig, dafür zu sorgen, dass sie in Harmonie sind – nicht nur im Horoskop, sondern auch in Hinsicht auf Ereignisse und Menschen im Leben einer Person. Wenn das Horoskop z.B. zeigt, dass „Wohlstand" in der Erde liegt, können wir erwarten, dass der Wohlstand während eines Feuer-Jahres wächst, da Feuer die Mutter von Erde ist, während eines Erd-Jahres dann beständig bleibt, aber während eines Metall-Jahres verteilt wird (wenn auch in wohltätiger Weise), denn Erde ist die Mutter von Metall.

Der Zyklus der Kontrolle oder der Zerstörung
Diese Sequenz wird aus jedem zweiten Element des Zyklus der Erzeugung gebildet: Holz – Erde – Wasser – Feuer – Metall und zurück zu Holz. Holz (Pflanzen) laugt Erde aus; Erde verschmutzt Wasser; Wasser löscht Feuer; Feuer schmilzt Metall und Metall fällt Holz.

Die kontrollierenden oder „zerstörenden" Elemente erzeugen ihre Wirkungen auf verschiedene Weise. Obwohl der Anbau von Pflanzen (Holz) die Erde erschöpft, kann sie gedüngt und wieder fruchtbar gemacht werden. Erde kann Wasser verschmutzen, aber es wird sich wieder klären. Metall gewinnt seine Stärke zurück, sobald das Feuer erlischt. Metall fällt Holz, aber das geschieht in guter Absicht, denn aus Holz werden nützliche Gegenstände gefertigt. Wenn Wasser Feuer löscht, ist das Feuer verschwunden. Wenn sich jedoch zwei Elemente in einer destruktiven Position befinden, gibt es Mittel und Wege, diese Situation zu korrigieren. Das Problem wird entschärft, wenn es dazwischen ein „Pufferelement" gibt. Falls z.B. das Holz-Element die Erde bedroht, wird die Situation korrigiert, wenn Feuer – die Mutter von Erde – als intervenierendes Element präsent ist.

Der Zyklus der Schöpfung ist im äußeren Kreis dargestellt und der Zyklus der Kontrolle im inneren Pentagramm.

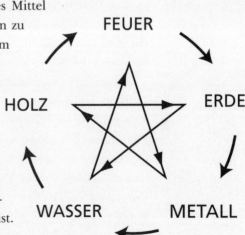

FEUER

HOLZ

ERDE

WASSER

METALL

YANG- UND YIN-ELEMENTE

Wenn die Elemente im Zyklus der Schöpfung dazu dienen, die Jahre, Monate, Tage und Stunden zu bezeichnen, geschieht das paarweise: So sind die Jahre 2000 und 2001 Metall-Jahre, 2002 und 2003 Wasser-Jahre usw. Das erste Element eines jeden Paares ist Yang und das zweite Yin. Um zwischen den beiden Typen von Elementen zu unterscheiden, kann man ihnen je nach Polarität unterschiedliche Merkmale zuordnen – so wäre z.B. Yang-Holz hart und fest wie eine Kiefer und Yin-Holz weich und sanft wie Gräser oder Kräuter. Diese Bezeichnungen (s. die einzelnen Abschnitte zu den Elementen in Teil II) sind nützlich, um sich die Qualitäten der Elemente einzuprägen.

Die Begriffe Yin und Yang beziehen sich auf zwei untrennbare polare Kräfte. Yin ist das, was Yang nicht ist, und ohne Yang gibt es kein Yin. Die Schriftzeichen Yin und Yang tauchen zum ersten Mal in einem frühen Gedicht auf, wo sie die sonnige und die schattige Seite eines Hügels bezeichnen. Die Männer arbeiten draußen in der Sonne, während die Frauen im schattigen Haus bleiben. So kommt es, dass Yang nicht nur sonnig, sondern auch männlich bedeutet und Yin weiblich. In der klassischen chinesischen Literatur wird die Sonne als Großes Yang und der Mond als Großes Yin bezeichnet.

In der chinesischen Philosophie bedeutet Yang Aktivität und Bewegung, während Yin empfangend und ruhend ist. Yang beginnt, Yin beendet. Die Fünf Elemente haben sowohl Yang- als auch Yin-Qualitäten, während im Zodiak sechs Tiere Yang und die anderen sechs Yin sind. Der Vergleich von Yang- und Yin-Zeichen ein wichtiger Faktor bei der Deutung eines Horoskops.

YANG	YIN
Sonne	Mond
männlich	weiblich
Himmel	Erde
steigend	fallend
außen	innen
ungerade	gerade
aussenden	empfangen
bewegen	ruhen

DIE JAHRESZEITEN

Die Fünf Elemente werden mit den vier Hauptrichtungen – Norden, Osten, Süden und Westen – und der Mitte assoziiert. Sie sind den vier Jahreszeiten zugeordnet, mit Ausnahme der Erde, welche die letzten achtzehn Tage jeder Jahreszeit beherrscht. So regiert Holz den Frühling, wenn das Leben beginnt; Feuer den Sommer, wenn die Sonne im Zenit steht; Metall den Herbst, wenn die Ernte eingebracht wird; und Wasser den kalten Winter.

Wenn das Jahreselement einer Person mit dem der Jahreszeit ihrer Geburt übereinstimmt oder davon unterstützt wird, gilt das als sehr günstig – z.B. wenn jemand in einem Metall-Jahr im Herbst geboren wurde. Aber es ist weniger vorteilhaft, wenn jemand im Sommer desselben Jahres geboren wird, da das Element des Sommers Feuer ist, das Metall schmilzt. Noch wichtiger sind aber die „inneren" Elemente jedes Tierzeichens.

DIE ELEMENTE DER TIERE

Jedes Tier hat ein ihm zugeordnetes Element, das sich nie ändert – unabhängig von Tag, Monat, Jahr oder Jahreszeit. Das feste Element für das Pferd ist z.B. Feuer. Deshalb haben Menschen, die in einem Feuer-Jahr geboren sind, dieses Element bereits in ihrem Horoskop, während die im Jahr des Feuer-Pferdes Geborenen sozusagen eine doppelte Portion Feuer haben – noch bevor die Elemente des Monats, des Tages und der Stunde ins Spiel kommen. Die festen Elemente für die Tierzeichen sind in Teil II in den Abschnitten über die einzelnen Tierzeichen verzeichnet.

Wie die Fünf Elemente zu deuten sind

Die Fünf Elemente und ihre Bedeutung im Horoskop werden in Teil II beschrieben. Die Beschreibung jedes Elements ist ähnlich wie bei den Tierzeichen in fünf Abschnitte gegliedert:

1 Allgemeine Merkmale: An erster Stelle wird die Bedeutung des Elements erklärt – seine allgemeinen Merkmale, Assoziationen und das, was es repräsentiert.

2 Persönlichkeit: Der „elementare" Persönlichkeitstypus basiert auf dem Geburtsjahr, genauso wie beim Tierzeichen, das es ergänzt. Allgemeine Merkmale und Persönlichkeit ergeben zusammen eine Charakterskizze, auf die man sich beziehen kann, sobald das Element für das Geburtsjahr bekannt ist.

3 Stärkung eines Elements: Die Gewichtung der Elemente (s. a. Punkt 4) zeigt Ihnen, ob die Elemente in einem Horoskop im Gleichgewicht sind. Wenn bestimmte Elemente Unterstützung oder Stärkung brauchen (da sie von anderen Elementen im Chart beherrscht werden) oder fehlende Elemente eingefügt werden sollten, um ein Gleichgewicht herzustellen, dann zeigt Ihnen dieser Abschnitt, wie dabei vorzugehen ist.

4 Gewichtung der Elemente: Die Gewichtung der Elemente, d. h. die Häufigkeit ihres Auftretens im Horoskop, gibt Hinweise auf die Element-Qualitäten der Person. Aber die Hauptfunktion dieser Art von „Statistik" besteht darin, das Potential der Fünf Arten von Glück einzuschätzen (s. a. Punkt 5). Außerdem lassen sich ungünstige und disharmonische Kombinationen erkennen.

5 Rolle der anderen Elemente: Die Fünf Arten von Glück – Gesundheit, Wohlstand, Karriere, Ruhm und Familienglück – werden auf das „persönliche" Element, das Tages-Element (Schlüsselelement), bezogen. Die Gewichtung der Elemente kann aufzeigen, wie es um einen bestimmten Aspekt eines Glücks bestellt ist. Dieser Abschnitt bringt Hinweise auf wichtige Faktoren, die im Horoskop zu beachten sind, und auf ihre Bedeutung. Indem man das mit einem bestimmten Aspekt assoziierte Element (s. Horoskop-Tafeln, S. 4) mit den Elementen von bestimmten Daten vergleicht, lässt sich feststellen, wann jener Lebensaspekt verbessert werden kann oder wann er sich wahrscheinlich in einer schwierigen Phase befindet.

PROBLEMLÖSUNG

Sie können die Elemente auch benutzen, um spezifische Probleme zu lösen. Um die Antwort auf ein Problem zu finden, sollten Sie zuerst herausfinden, welches Element zu dieser Problemstellung passt. Das Element Holz bezieht sich z.B. auf familiäre Angelegenheiten (s. Rubrik „Aktivität" auf S. 4 der Horoskop-Tafeln). Suchen Sie dann das Element für den betreffenden Zeitabschnitt. Vergleichen Sie die beiden Elemente, um zu sehen, ob sie harmonisch, günstig oder unverträglich sind.

Nehmen wir z.B. an, dass eine Person, deren Tages-Element Feuer ist, eine Frage zu Familienangelegenheiten stellen will (zu Holz gehörig) und das betreffende Datum auf einen Wasser-Tag fällt. Dies würde bedeuten, dass das Ergebnis in einem Streit wegen familiärer Angelegenheiten günstig für die Familie wäre, aber nicht für den Fragesteller, denn Wasser (die Zeit) nährt Holz (die Frage), aber erstickt Feuer (den Fragesteller).

ZYKLEN DES SCHICKSALS

Die sich kontinuierlich wiederholenden Sequenzen der Stämme und Zweige erzeugen den Sechziger-Zyklus.

Die frühesten bekannten Beispiele chinesischer Schrift sind „Orakelknochen". Dabei handelt es sich um Relikte astrologischer Kunst, da auf diesen Knochen Beobachtungen von Astronomen/Astrologen eingeritzt sind, zusammen mit den gestellten Fragen und den Antworten; oft wurde zusätzlich vermerkt, ob sich die Vorhersage als richtig erwiesen hat. Was diese Dokumente historisch so wertvoll macht, ist, dass darauf oft sogar ein Datum vermerkt ist. Dieses wurde nach einem Kalender bestimmt, der noch heute in China in Gebrauch ist – nach dem System der Himmlischen Stämme und Irdischen Zweige.

STÄMME UND ZWEIGE

Den Irdischen Zweigen sind wir schon begegnet. Das System der Stämme ist noch älter. Die Zehn (Himmlischen) Stämme bildeten die ersten zeitlichen Einheiten in China; ursprünglich waren das die Bezeichnungen für die Tage einer Zehntagewoche. So wie unsere Wochentage nach heidnischen Göttern benannt sind, so handelt es sich wahrscheinlich bei den Zehn Stämmen um die Namen alter Götter, die heute praktisch vergessen sind.

DER SECHZIGER-ZYKLUS

Zu einem frühen Zeitpunkt in der chinesischen Geschichte wurde die Zählung nach den Zehn Stämmen verfeinert, indem man zusätzlich zum Zehn- im Zwölftagerhythmus zählte und dabei die Zwölf Zweige benutzte. Das ergab einen Sechziger-Zyklus: Die Zehn Stämme und die Zwölf Zweige wiederholen sich fortlaufend, wobei sechzig verschiedene Kombinationen entstanden (die Stämme wiederholten sich fünfmal und die Zweige sechsmal, bevor der Zyklus wieder mit dem ersten Paar begann). HINWEIS: Die Stämme werden gewöhnlich in arabischen Zahlen geschrieben und die Zweige in römischen Ziffern (s. Tabelle unten).

Yin- und Yang-Elemente
Die Stämme und Zweige werden noch heute von den Chinesen benutzt, aber vor rund tausend Jahren fanden Astrologen, die aus dem Westen nach China gekommen waren, dieses System für Analphabeten zu schwer verständlich. Nachdem sich die Erfindung der zwölf Tiernamen als genialer Einfall erwiesen hatte, bestand die nächste Aufgabe darin, eine einfachere Alternative für die Zehn Stämme zu finden. Die Lösung lag darin, ihnen die Namen ihrer zugeordneten Elemente zu geben, mit dem passenden Yang- oder Yin-Zusatz, um anzuzeigen, ob es sich um Stämme mit ungerader oder gerader

POSITION IM ZYKLUS	1	2	3	4	5	6	7	8	9	10	11	12	13	14	15	16	17	18	19	20	21	22	23	24	25	26	27...
STAMM	1	2	3	4	5	6	7	8	9	10	1	2	3	4	5	6	7	8	9	10	1	2	3	4	5	6	7...
ZWEIG	I	II	III	IV	V	VI	VII	VIII	IX	X	XI	XII	I	II	III	IV	V	VI	VII	VIII	IX	X	XI	XII	I	II	III...

Numerierung handelt (s. Tabelle S. 21 unten). Zum Beispiel wurde das, was im chinesischen Kalender gewöhnlich Stamm 1 hieß, zu Yang-Holz, Stamm 4 zu Yin-Feuer usw. Die 10 Zweige und die 12 Tierzeichen sind unten in Tafeln dargestellt (vgl. a. den kompletten Sechziger-Zyklus auf S. 5 in den Horoskop-Tafeln).

Stunden, Monate und Jahre

Vor ungefähr zweitausend Jahren wurde die Zählung der Tage nach Stämmen und Zweigen auf die Jahre übertragen. In späterer Zeit wurde das neue System der Element- und Tiernamen zur Zählung der Jahre eingeführt und zur offiziellen Aufzeichnung von Daten verwendet. Das gemeine Volk benutzte die Tiernamen auch für die Stunden, während der Element-Zusatz nicht allgemein gebräuchlich war. Ebenso brauchten die Monate des Jahres in offiziellen Dokumenten keinen besonderen Stamm-und-Zweig-Zusatz, da sie den natürlichen jahreszeitlichen Abschnitten eindeutig zugeordnet waren.

Aber für die Astrologen waren Stamm und Zweig von Stunde, Tag, Monat und Jahr wichtig, wie schon Marco Polo beobachtet hatte.

Nachdem Sie nun mit den Stämmen und Zweigen vertraut sind, sind Sie in der Lage, mit Hilfe der Karten in diesem Set Ihr Horoskop zu erstellen und zu deuten. Das werden Sie auf den nächsten Seiten lernen. In der folgenden Übersicht werden die Komponenten der Vier Säulen – die Basis Ihres Horoskops – als Gedächtnisstütze zusammengefasst.

DIE VIER SÄULEN DES SCHICKSALS

Wie wir bereits wissen, sind dies die Grundlagen des chinesischen Horoskops:

- Die Vier Säulen bestehen aus Jahr, Monat, Tag und Stunde der Geburt.
- Jede Säule wird durch zwei Faktoren bezeichnet: einen Stamm und einen Zweig.
- Ein Stamm wird durch ein Element mit seiner Polarität (Yang oder Yin) ausgedrückt.
- Ein Zweig wird durch ein Tierkreiszeichen ausgedrückt.
- Zusätzlich hat jedes Tierkreiszeichen sein eigenes unveränderliches Zweig-Element.

CHINESISCHES SCHRIFTZEICHEN	甲	乙	丙	丁	戊	己	庚	辛	壬	癸
STAMM	1	2	3	4	5	6	7	8	9	10
ELEMENT	HOLZ		FEUER		ERDE		METALL		WASSER	
YANG ODER YIN	Yang	Yin	Yang	Yin	Yang	Yin	Yang	Yin	Yang	Yin

CHINESISCHES SCHRIFTZEICHEN	子	丑	寅	卯	辰	巳	午	未	申	酉	戌	亥
ZWEIG	I	II	III	IV	V	VI	VII	VIII	IX	X	XI	XII
TIER	RATTE	OCHSE	TIGER	HASE	DRACHEN	SCHLANGE	PFERD	SCHAF	AFFE	HAHN	HUND	SCHWEIN
YANG ODER YIN	Yang	Yin	Yang	Yin	Yang	Yin	Yang	Yin	Yang	Yin	Yang	Yin

Stämme und Zweige werden heute als Elemente und Tiere ausgedrückt.

中國命數法

Teil II

EIN HOROSKOP ERSTELLEN UND DEUTEN

Nachdem Sie in Teil I die Grundlagen der chinesischen Astrologie kennen gelernt haben, sind Sie nun in der Lage, die Botschaft der Acht Zeichen zu verstehen. Aber bevor sich diese entschlüsseln lässt, müssen Sie Ihr Horoskop erstellen. Mit Hilfe der Horoskop-Tafeln und der farbigen Horoskopkarten ist diese gewöhnlich komplizierte Aufgabe auf ein paar einfache Schritte reduziert worden. Wenn Sie diesen aufmerksam folgen, werden Sie kein Problem haben, die acht Karten auszuwählen, welche die Acht Zeichen (= Vier Säulen) des traditionellen chinesischen Horoskops darstellen. Sie werden sehen, dass sowohl das Jahres-Tier als auch das Tages-Element eine entscheidende Rolle im Horoskop spielen.

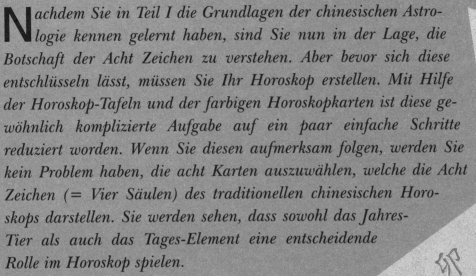

Die Abschnitte über die einzelnen Tierzeichen und Elemente erklären die Bedeutung der Karten und ihre gegenseitigen Verhältnisse, indem sie Merkmale des Charakters, vorteilhafte und problematische Einflüsse und das vorhandene Erfolgspotential für Geschäfte und Beziehungen beschreiben. Wenn Sie außerdem den Lebenszyklus entschlüsseln, können Sie die verschiedenen Einflüsse bestimmen, die im Lauf eines Menschenlebens zum Tragen kommen. Also, nehmen Sie Karten in die Hand, blättern Sie weiter und Sie können loslegen.

HOROSKOP ERSTELLEN

WIE SIE IHR

Ein chinesisches Horoskop wird von Vier Säulen getragen: Jahr, Monat, Tag und Stunde der Geburt. In dem Horoskop, das Sie nun erstellen wollen, wird jede Säule mit zwei Karten dargestellt: einem Tierzeichen und einem Element. Das Tierzeichen für das Geburtsjahr wird als Anker ins Zentrum des Charts platziert, die restlichen sieben Karten werden um diese Karte herum angeordnet. Folgen Sie den Anweisungen unten Schritt für Schritt. HINWEIS: Die Karten sind doppelseitig bedruckt und decken alle Permutationen des Horoskops ab. Wenn Sie die benötigte Karte nicht finden sollten, müssen Sie möglicherweise eine von den Karten umtauschen, die Sie schon benutzt haben.

Die Geburtsdaten von Diana, der Prinzessin von Wales, dienen hier als Beispiel.
Geburtsdatum: 1. Juli 1961; Zeit: 7.45 Ortszeit (England)

1 DIE ERSTE SÄULE

Dies bezieht sich auf Tier und Element des **Geburtsjahrs.** Um das für sich selbst herauszufinden, gehen Sie zu Tafel 1 auf S. 6 und 7 in den Horoskop-Tafeln. Vergessen Sie dabei nicht, die Anmerkungen zu dieser Tafel zu lesen, denn dies kann Auswirkungen darauf haben, in welches Jahr – nach dem chinesischen Kalender – Ihr Geburtdatum fällt. Suchen Sie dann die entsprechenden Horoskopkarten und platzieren Sie sie wie abgebildet. Dazu müssen Sie eine der siebenseitigen Karten für das Jahres-Tier benutzen, da sie den zentralen Anker Ihres Charts bildet.

BEISPIEL: *Dianas Geburtsjahr war 1961. Aus Tafel 1 können wir ablesen, dass für dieses Jahr das Tierzeichen Ochse und das Element Yin-Metall ist.*

2 DIE ZWEITE SÄULE

Dies bezieht sich auf das Tier und das Element für den **Geburtsmonat.** Diese finden Sie ganz einfach in Tafel 2 auf Seite 8 in den Horoskop-Tafeln. Sie sollten dabei nicht vergessen, die Anmerkungen zu dieser Tafel zu lesen. Sobald Sie die Angaben gefunden haben, suchen Sie die entsprechenden Horoskopkarten und fügen sie Ihrem Chart hinzu.

BEISPIEL: *Das Geburtsdatum fiel auf den 1. Juli. Aus Tafel 2 können wir ablesen, dass für diesen Monat das Tierzeichen Pferd und das Element Yang-Holz ist.*

Das vollständige Chart

Ihr Horoskop ist nun vollständig und kann gedeutet werden. Auf S. 16 der Horoskop-Tafeln finden Sie leere Raster zum Fotokopieren, so dass Sie bei jedem Horoskop, das Sie erstellen, die Information zur zukünftigen Verwendung aufzeichnen können. Bei den Tierkarten sollten Sie darauf achten, auch das Element (samt Polarität Yin/Yang) zu notieren, da das Gleichgewicht der Elemente ein entscheidender Aspekt bei der Deutung eines Horoskops ist. Ebenso sollten Sie eintragen, welches Element Ihr persönliches Schlüsselelement ist.

Sie sollten die Daten Ihres Charts notieren, damit sie nicht verloren gehen, wenn Sie die Karten für ein neues Horoskop verwenden.

Farben der Element-Karten

HOLZ	*grün*
FEUER	*rot*
ERDE	*gelb*
METALL	*silber*
WASSER	*blau*

3 DIE DRITTE SÄULE

Dies bezieht sich auf Tier und Element des **Geburtstags.** Das Element ist Ihr Schlüsselelement, das bei der Deutung des Horoskops eine entscheidende Rolle spielt. Um das Tierzeichen zu finden, gehen Sie zu Tafel 3 oder 4 in den Horoskop-Tafeln. Um das Element zu finden, gehen Sie zu Tafel 5 oder 6. Lesen Sie auch hier die Anmerkungen. Dann suchen Sie die entsprechenden Horoskopkarten und fügen sie Ihrem Chart hinzu.

BEISPIEL: *Das volle Geburtsdatum ist der 1. Juli 1961. Aus Tafel 3 können wir ablesen, dass für diesen Tag das Tierzeichen Schaf und das Element Yin-Holz ist.*

4 DIE VIERTE SÄULE

Dies bezieht sich auf das Tier und das Element für die Geburtsstunde. Wenn Sie den Zeitpunkt Ihrer Geburt nicht kennen, legen Sie ihn einfach auf Mittag. Gehen Sie nun zu Tafel 7 in den Horoskop-Tafeln, um die gesuchten Angaben zu finden, und vergessen Sie dabei nicht, die Anmerkungen über die Sommerzeit zu lesen. Fügen Sie die beiden entsprechenden Karten Ihrem Chart hinzu, um so das Horoskop zu vollenden. Es ist jetzt bereit zur Deutung.

BEISPIEL: *Die Geburtszeit ist 7.45 Ortszeit (bei Sommerzeit). Aus Tafel 7 können wir ablesen, dass für diese Stunde das Tierzeichen Hase und das Element Yin-Erde ist.*

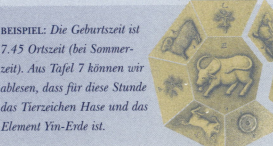

RATTE

Die Wahl der Ratte als erstes Zeichen des chinesischen Tierkreises hat nichts mit irgendwelchen persönlichen oder charakterlichen Eigenarten zu tun. Sie ergab sich, weil man vom ersten Zeichen annahm, dass es die Mitternachtsstunde anzeige, also die Zeit, zu der die Wesen der Nacht am aktivsten sind. Ursprünglich stellte das erste der altchinesischen Schriftzeichen für die zwölf Tagesabschnitte ein Baby dar. Damit wurde auf die Geburt eines neuen Tages oder auch auf den Beginn eines neuen Jahres hingewiesen. Im chinesischen Horoskop macht das Zeichen der Ratte häufig auf Chancen zum Neubeginn aufmerksam.

HAUS: *Kreativität*
ZWEIG: *I / Yang*
ELEMENT: *Wasser*

DIE PERSÖNLICHKEIT DER RATTE

Menschen, die in einem Jahr der Ratte geboren werden, besitzen die Anlagen zum Denker – sie gelten als kreativ und können sich schnell für alles Neue begeistern. Sie sind großartige Initiatoren, aber nur selten Vollender. Gewöhnlich sind sie dann am erfolgreichsten, wenn ihnen jemand zur Seite steht und Mut macht. Fast alle Ratte-Geborenen sind in den späten Abendstunden wacher und aktiver als in den früheren Tageszeiten. Ihre Beziehungen gestalten sich äußerst komplex: Freunde und Bekannte finden Ratten zuweilen etwas rätselhaft, weil ihnen immer etwas Nachtseitiges anhaftet. Mit anderer Leute Geld verstehen sie hervorragend umzugehen, aber leider nicht mit dem eigenen. Ratte-Menschen schwanken zwischen Sparen und Verschleudern und verpassen dabei, eine gesunde Balance zu etablieren.

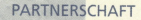

Wie Menschen, die im Jahr der Ratte geboren sind, mit den verschiedenen Tierzeichen auskommen.

Ratte Ratte-Persönlichkeiten sind recht glücklich miteinander. Sie teilen die gleichen Vorstellungen und Eigenarten. Die Beziehung kann sehr offen sein, aber es herrscht immer noch genügend gegenseitige Unterstützung. Fehlern wird mit Verständnis begegnet. Ein ausgeprägtes Gefühl für Loyalität hilft Turbulenzen zu überstehen.

Ochse Jede Ratte benötigt einen Ochsen, weil er ihr einzig wahrer Partner ist. Trotz der Dominanz, welche die Ratte auszuüben scheint, profitiert der Ochse – emotional, physisch und sogar materiell – von dem grundlegenden Verständnis, das beide verbindet.

Tiger Diese Kombination ist für geschäftliche Beziehungen deutlich besser geeignet als für emotionale. Die zwei besitzen völlig verschiedene Fähigkeiten, die aber zu beider geschäftlichem Vorteil erfolgreich zusammenwirken können. Ehen und ähnliche enge Verbindungen haben mehr Aussicht auf Erfolg, wenn der männliche Partner jünger ist. Im umgekehrten Fall kommt es zu Spannungen, die sich in hitzigem Streit entladen können.

Hase Die Partnerschaft zwischen Ratte und Hase kann wohl von Liebe geprägt sein, muss aber häufig ohne tiefere Leidenschaft auskommen. Trotz gegenseitigem Verständnis können sich unter der Oberfläche Spannungen bilden. Es gibt Tabuthemen, mit denen man sich nicht abgeben möchte. Probleme sollten dennoch offen angesprochen werden.

Drache Diese Konstellation sorgt in einer romantischen Beziehung für die nötige Belebung. Das Problem in einer so aufregenden Partnerschaft besteht darin, dass sie sich angesichts zu vieler Überraschungen schließlich selbst erschöpft. Ein ausgleichender Einfluss oder gemeinsames Engagement hilft, die persönlichen Bande zu konsolidieren.

Schlange In dieser Verbindung gibt es ungünstige Aspekte. Die Spitzenzeiten der biologischen Uhren von Ratte und Schlange stimmen nicht überein, sodass die Partyzeit des einen der Schlafenszeit des anderen entsprechen kann. Warnzeichen zeigen sich, wenn der Ratte-Partner permanent erschöpft und ausgelaugt wirkt.

Pferd Die Anziehung zwischen diesen beiden Typen ist eher körperlicher als emotionaler Natur. Wenn sie zusammenleben, dann müssen beide unbedingt das Bedürfnis des Partners nach Individualität respektieren.

Schaf Still verfolgen beide ihren Weg. Diese zwei könnten vierzig Jahre im gleichen Haus wohnen, ohne einander ganz genau zu kennen. Sie unterstützen sich gegenseitig, sprechen einander Mut zu, sagen und tun das jeweils Richtige und vergessen auch die wichtigen Jubiläen und Daten nicht. So können sie eine glückliche Partnerschaft führen.

Affe Ein lebhafter Partner für die schnell denkende Ratte. Eine aufregende Liebesbeziehung, sprühend und schwungvoll, führt zu einer verrückten und beneidenswerten Partnerschaft. Die beiderseitigen Bande sind fest geknüpft.

Hahn Zwei Individualisten, die wissen, was sie brauchen: Freiraum, individuelle Visionen und Karrieren. Erst wenn sie sich in ihrer eigenen Welt erfolgreich etabliert haben, können sie auch den Partner schätzen.

Hund Sie mögen sich nicht für das ideale Paar halten. Aber wenn sie sich in ihrem Bekanntenkreis umschauen, stellen sie schnell fest, wie dankbar sie mit ihrem gemeinsamen Los sein können. Familiäre Verpflichtungen und weitere gemeinsame Interessen garantieren, dass diese Beziehung stabil bleibt.

Schwein Der weite Abstand zwischen der Ratte als erstem und dem Schwein als letztem Tier des Tierkreises zeigt deutlich an, dass diese Beziehung häufige Veränderungen durchlaufen wird. Sind diese nicht erwünscht, treten unweigerlich Spannungen auf. Der Schlüssel zum Erfolg liegt in der Fähigkeit, Flexibilität mit Stabilität zu vereinen.

GÜNSTIGE UND UNGÜNSTIGE PHASEN

Wie es der Ratte in den Phasen ergeht, die von den verschiedenen Tierzeichen beherrscht werden.

Ratte Das eigene Jahr ist für die Ratte-Person eine ideale Periode für Innovationen und Neubeginn. Für kurzfristigere Vorhaben bietet der Ratte-Monat Dezember besonders günstige Bedingungen.

Ochse Ochse-Jahre kommen Ratte-Persönlichkeiten entgegen, weil sie in diesen Zeiten den Lohn für vorangegangene Leistungen ernten können. Nicht selten kommt die Unterstützung unerwartet. Geschäftliche Vorhaben besitzen gute Aussichten auf Erfolg.

Tiger Offizielle Anerkennung und Hilfe von höherer Stelle ergeben sich aus dem hohen Ansehen des Tigers. Auf hochrangige Personen ist endlich Verlass. Projekte, die sich zunächst nur schleppend entwickelt haben, nähern sich ihrem krönenden Abschluss. Das Frühjahr eröffnet weitere Aussichten auf Erfolg.

Hase Verlassen Sie sich nicht zu sehr auf die Unterstützung geliebter Menschen. Diese erwarten eher von Ihnen Hilfe. Ihre finanziellen Rücklagen werden möglicherweise stark beansprucht; allerdings wird es sich um eine lohnende Sache handeln.

Drache Es kommt zu unerwarteten Veränderungen. Sorgfältig vorbereitete Pläne könnten vereitelt werden. Die finanzielle Situation schwankt gefährlich. Ein unerwarteter Glücksfall kommt gelegen, belastet aber Ihre eigenen Ressourcen. Fortschritte stellen sich zwar ein, aber erst nach Phasen der Unsicherheit.

Schlange Halten Sie sich besser von Risiken und Geschäften fern, die nicht ganz koscher sind. Seien Sie auf unerwartete Gefahren vorbereitet und rechnen Sie mit Verzögerungen, die durch Krankheit verursacht werden.

Pferd Die Lösung von Konflikten kann sich unendlich in die Länge ziehen, insbesondere wenn es um persönliche Beziehungen geht. Im geschäftlichen Bereich machen Ihnen persönliche Zusammenstöße das Leben schwer. Lassen Sie sich nicht entmutigen, Ihre Lage wird sich bald verbessern.

Schaf Es wird zu unauffälligem Fortschritt kommen, der sich geschäftlich als auch psychologisch positiv auswirkt. Familiäre Bande werden gestärkt und es bieten sich ausreichend Gelegenheiten, sich den angenehmeren Dingen des Lebens zuzuwenden.

Affe Aufgefrischte Energiereserven vermitteln ein Gefühl stärkeren Selbstvertrauens. Sie sollten sich voll engagieren, weil sich Ihr Einsatz lohnen wird. Diese positiven Aussichten betreffen den Beruf als auch die Liebe.

Hahn Ihre Selbstachtung kann einen heftigen Dämpfer erleiden, wenn ein Rivale Ihnen die Show zu stehlen scheint. Ein Freund oder Arbeitskollege wird wahrscheinlich bessere Chancen haben als Sie und das kann zu Verstimmungen führen. Doch wenn Sie sich nicht unterkriegen lassen, wird Ihre Geduld am Ende belohnt.

Hund Diese Zeit ist geeignet, um über Ihre Wohnung nachzudenken. Wenn Sie sich zu einem Ortswechsel entschließen, wählen Sie den Südosten.

Schwein Denken Sie jetzt daran, Ihre Position auszubauen. Wenn Sie mit den gegenwärtigen Bedingungen nicht zufrieden sind, bereiten Sie sich auf einen künf-

tigen Wechsel vor; führen Sie ihn aber auf keinen Fall jetzt schon herbei. Machen Sie das Beste aus den bestehenden äußeren Umständen.

EINFLÜSSE DER TIERZEICHEN IM HOROSKOP

Wie die anderen Tierzeichen im Horoskop das Leben der Ratte beeinflussen.

Ratte Selbstvertrauen und hoch gesteckte Ziele. Geldangelegenheiten und Reisen stehen unter günstigen Vorzeichen. Drei oder vier Ratten weisen auf Kommunikationsschwierigkeiten hin oder auf das Unvermögen, andere Sichtweisen zu verstehen.

Ochse Selbstvertrauen und Zuverlässigkeit, Einfallsreichtum und die Fähigkeit, die Dinge zum Abschluss zu bringen.

Tiger (Kurierpferd) Steuert Entschlossenheit und Autorität zu den Zukunftsaussichten der Ratte bei. Hinweis auf Tatkraft, Bewegung und Reisen.

Hase Trägt ein gewisses Maß an Fürsorglichkeit und Mitgefühl für Benachteiligte bei. Vermindert den für Ratten typischen Hang, sich von der Welt zurückzuziehen.

Drache Führt die Ratte-Persönlichkeit in die darstellenden Künste ein und erweitert ihre manipulativen Fähigkeiten.

Schlange Trotz der ungünstigen Konstellation dieser Zeichen bewirkt die Schlange größeres Geschick mit Finanzen. Es besteht die Tendenz, sich im späteren Leben zurückzuziehen.

Pferd Eine zwiespältige Persönlichkeit, die häufig hin- und hergerissen ist. Ein Pferd möchte nicht verkannt werden. In den mittleren Lebensjahren können Allergien auftreten.

Schaf Weder positiv noch negativ; weist auf Mangel an materiellen Reserven hin. Man muss sich ganz auf die eigenen Anstrengungen verlassen. Träume und Ziele sollten realistisch sein.

Affe Ein sehr konstruktiver Einfluss. Geistreich und mit ungewöhnlichen praktischen wie intellektuellen Talenten ausgestattet.

Hahn (Blume der Liebe) Hinweis auf stürmische Liebesaffären. Fördert praktische und verbale Fähigkeiten. Marketing, Modebranche, Unterhaltungsliteratur bieten sich als erfolgversprechende Berufsfelder an.

Hund Zahlreiche positive Eigenschaften machen diesen Menschen zu einem geschätzten Mitglied der Gesellschaft. Legt wahrscheinlich Wert auf schönes Wohnen.

Schwein Schränkt die Beziehungsfähigkeit der Ratte-Person ein. Das idyllische Dorf, die Gemütlichkeit des eigenen Heims werden dem quirligen Gesellschaftsleben vorgezogen.

OCHSE

HAUS: *Kreativität*
ZWEIG: II / *Yin*
ELEMENT: *Erde*

Vielleicht ist es nur ein Zufall, dass der Ochse als einziges Tier aus dem chinesischen Zodiak eine Entsprechung an gleicher Position bei den abendländischen Sternzeichen hat. Aber die Phase des Stiers (lat. taurus) verläuft von Ende April bis in den Mai hinein, während der chinesische Monat des Ochsen fast identisch mit dem Januar ist.

Der Ochse wird jahreszeitlich mit dem Frühling in Verbindung gebracht; deshalb erscheint auch auf dem ersten Blatt chinesischer Kalender ein Bild des Frühlings-Ochsen. Ganz feine Unterschiede in der Darstellung des Ochsen und seines Führers sollen die Leser darauf hinweisen, wie das Wetter wird, ob mit einer reichen Ernte zu rechnen ist und welche Feldfrucht die höchsten Preise erzielen wird.

DIE PERSÖNLICHKEIT DES OCHSEN

Menschen, die im Jahr des Ochsen zur Welt kommen, gelten als robuste und praktisch veranlagte Typen, die lieber auf bewährte Methoden vertrauen als dem neuesten Trend hinterherzurennen. Der Ochse bildet die Yin-Hälfte des Hauses der Kreativität und beweist sein Talent darin, dass er das Traditionelle umformt und den veränderten Umständen anpasst. Der weltberühmte Komponist Johann Sebastian Bach, der im Jahr des Ochsen geboren wurde, offenbarte seine Kreativität nicht durch Innovation, sondern durch Perfektion der damals existierenden Stile.

Ochse-Typen fürchten sich nicht vor der Arbeit und durch ihre Beharrlichkeit und Entschlossenheit gelingt es ihnen, die schwierigsten Aufgaben zu meistern. Von Ochsen errichtete Mauern sind für die Ewigkeit gebaut.

PARTNERSCHAFT

Wie Menschen, die im Jahr des Ochsen geboren sind, mit den verschiedenen Tierzeichen auskommen.

Ratte Ochse und Ratte gehören zusammen wie die zwei Seiten einer Münze. Obwohl der Ochse der Ratte fast ehrerbietig begegnet, bezieht er aus ihren innovativen Beiträgen Anregung und Unterstützung. In Liebe wie Beruf können beide eine erfolgreiche Partnerschaft bilden.

Ochse Diese beiden sind gesellschaftlich gern unter ihresgleichen. Beziehungen entstehen viel häufiger aus kurzfristigen leidenschaftlichen Begegnungen denn nach langen Romanzen. Es gibt eigentlich kein Hindernis, das dieses Paar aufhalten könnte.

Tiger Dem Ochsen versucht der Tiger aus dem Weg zu gehen. Der charismatische Tiger sonnt sich gern in der Bewunderung seiner Anhänger, aber der Ochse fällt darauf nicht herein. Hinter der Tür des gemeinsamen luxuriösen Heims gibt hauptsächlich er den Ton an.

Hase Ochse und Hase mögen völlig verschiedene Persönlichkeiten sein, aber eine magnetische Kraft hält sie zusammen. Trotz der offensichtlichen Unterschiede, die zuweilen zur vorübergehenden Trennung führen, können sie nicht lange voneinander lassen. Eine solche Partnerschaft ist gewöhnlich mit vielen Kindern gesegnet.

Drache Der traditionelle Ochse und der exzentrische Drache? Kaum vorstellbar. Vielleicht suchen beide im Partner etwas, das ihnen selbst fehlt. Auf jeden Fall sollten die Ausgaben streng überwacht werden.

Schlange Dies könnte der ideale Partner für den Ochsen sein. Zauber und Geheimnis des Drachens, die den Ochsen so faszinieren, kommen auch in der eleganten Schlange-Persönlichkeit zum Tragen – aber hier sind sie durch gesellschaftliche Konventionen, auf die der Ochse so viel Wert legt, gebändigt. Erfolgreiche Geschäftsbeziehungen sind ebenfalls zu erwarten.

Pferd Ochse und Pferd mögen zwar auf dem gleichen Feld arbeiten, aber sie gehören in verschiedene Ställe. Hier fehlt etwas Wesentliches: die Überraschung. Auf Stabilität und Vertrauen legen beide viel Wert.

Schaf Der Ochse sollte das Schaf niemals unterschätzen. Es ist das einzige Wesen im chinesischen Tierkreis, das seine unüberwindlich scheinende Kraft bezwingen kann. Diese Partnerschaft scheint immer auf Messers Schneide zu stehen – mehr Verständnis wäre angebracht.

Affe Trotz Überredungskünsten kann der Affe den zynischen Ochsen nicht beeindrucken. Die beiden wirken vielleicht nicht wie das ideale Paar, aber in ihrer seelischen Struktur besitzen sie etwas, das die Mängel des Partners aufzuwiegen hilft. Mit Humor und gesundem Menschenverstand kann diese Partnerschaft gelingen.

Hahn Auch der Hahn bildet eine ideale Ergänzung zum Ochsen. Es herrschen Begeisterung sowie solide Erdverbundenheit. Gegenseitige Unterstützung und Abhängigkeit garantieren Harmonie. Ob auf geschäftlicher oder romantischer Ebene, immer gehört ein tief gehendes Verständnis dazu, das dieses Verhältnis permanent stärkt.

Hund Wenn diese Verbindung gelingen soll, dann müssen beide mehr als den eigenen Vorteil darin erkennen. Die Partner sollten hin und wieder innehalten und sich fragen, was sie tun, um den Partner glücklich zu machen, statt sich zu wundern, warum der andere so selbstsüchtig erscheint. Beide sollten unbedingt die Ansprüche des Partners anerkennen.

Schwein Diese beiden scheinen für ein harmonisches Zusammenleben als auch für eine geschäftliche Allianz wie geschaffen. Die Leidenschaft, das Leben behaglich zu gestalten, wird von der Entscheidungsfreude begleitet, diese Vision auch zu realisieren. Die Freuden und Rückschläge des Lebens werden zusammen getragen.

GÜNSTIGE UND UNGÜNSTIGE PHASEN

Wie es dem Ochsen in den Phasen ergeht, die von verschiedenen Tierzeichen beherrscht werden.

Ratte Ratte-Jahre sind für den Ochsen sehr nützlich. Sie mögen voller Umwälzungen und harter Arbeit erscheinen, aber die Resultate sind durchweg vorteilhaft. Achten Sie in Ratte-Monaten auf erfolgversprechende Zeichen für Ihr weiteres Handeln.

Ochse Manches mag in Ochse-Jahren zum Stillstand kommen; aber die positiven Resultate aus früheren Aktivitäten sollten jetzt sichtbar werden. Versuchen Sie nicht, Festgefahrenes mit Gewalt frei zu bekommen – es wird sich von selbst lösen.

Tiger Es kann zu Auseinandersetzungen mit Behörden kommen. Obwohl sich scheinbar alles gegen Sie verschworen hat, werden Sie am Ende Recht behalten. Bleiben Sie hartnäckig.

Hase Das Jahr eignet sich für Familienfeste. Gute Nachrichten vertreiben die düsteren Wolken, die über Ihnen geschwebt haben. Für Ochsen ist der Hase-Monat (März, aber vor Ostern) eine günstige Zeit für Empfängnis oder Hochzeit – oder beides!

Drache Zum Glück besitzt der Ochse eine unerschütterliche und realistische Persönlichkeit, die nicht zu unnötigen Risiken neigt. So stellen die finanziellen Schwierigkeiten, die im Jahr des Drachen auftauchen, für ihn kein so großes Problem dar. Doch Wachsamkeit schadet nie!

Schlange Eine äußerst günstige Zeit mit möglichen Gewinnen aus geschickten Transaktionen. Wenn es noch offene Streitfälle oder Rechtsangelegenheiten gibt, besteht jetzt eine reelle Chance, dass diese zu Ihren Gunsten geklärt werden. Ein vorteilhaftes Jahr für Forschungsprojekte und neue Kontakte.

Pferd Scheinbar eine Zeit des Stillstands. Der Samen muss eine ganze Weile im Boden ruhen, bevor das Korn geerntet werden kann. Alles braucht seine Zeit. Verwechseln Sie die kahlen Bäume des Winters nicht mit totem Holz.

Schaf Sie sollten keine neuen Unternehmungen wagen oder sich mit unbekannten Partnern einlassen. Vor Ihnen liegen etliche Hindernisse und Sie sollten die Konkurrenz nicht unterschätzen. Wenn diese Periode vorbei ist, verbessern sich Ihre Aussichten wieder.

Affe Endlich gibt es begründete Hoffnung, dass sich die Dinge zu Ihren Gunsten wenden. Obgleich zunächst nur unmerkliche Fortschritte möglich sind, gewinnen Sie Zuversicht für größere Projekte. Mit Humor und Überraschungseffekten gelingt es Ihnen, die Situation in Ihrem Sinn zu beeinflussen.

Hahn Ein erfolgreiches Jahr kündigt sich an, das besonders für persönliche Beziehungen günstig ist. Beruflicher Aufstieg liegt ebenso im Bereich des Möglichen wie offizielle Anerkennung Ihrer Leistungen, die sich in Urkunden, Ordensverleihungen oder in der Wahl in einflussreiche Gremien zeigen wird.

Hund Vermutlich kommt es zu häuslichen Konflikten. Achten Sie darauf, dass Sie nicht unter negativen Folgen zu leiden haben.

Schwein Die Verbesserungen kommen still und leise. Die Finanzen sind solide, zu Hause ist alles in Ordnung. Sie sind mit der Lage der Dinge völlig zufrieden. Der Schwein-Monat (November) eignet sich besonders zur Verschönerung des Heims.

EINFLÜSSE DER TIERZEICHEN IM HOROSKOP

Wie die anderen Tierzeichen im Horoskop das Leben des Ochsen beeinflussen.

Ratte Wirkt ausgleichend und verstärkt das auf die Zukunft gerichtete Denken. Eine zuweilen starrsinnige Haltung wird flexibler.

Ochse Erhöht das Durchhaltevermögen. Das könnte zu einer Abneigung gegen Veränderungen führen, die sich aber beim Grundstückserwerb als nützlich erweisen kann.

Tiger Es gibt innere Konflikte. Der Eindruck verstärkt sich, dass das Leben eigentlich mehr zu bieten hat. Eine Hälfte möchte vorwärts streben, die andere verweilen.

Hase Ein günstiges Zeichen, das auf enge familiäre Bande verweist. Das Glück findet sich in einer ländlichen Umgebung.

Drache Gefahr im Verzug! Sie sollten dem eigenen Urteil vertrauen und die Neigung zum Risiko zügeln. Vorsicht und Weitblick sind die besten Ratgeber.

Schlange Äußerst günstig für kluge Geschäftsstrategien; kündigt Erfolg und Wohlstand durch Immobiliengeschäfte an. Vermittelt Einblicke und ermöglicht dem Ochsen, weitsichtig zu planen.

Pferd (Blume der Liebe) Es ist fast unmöglich, zwei Pferde gleichzeitig zu reiten. Hier heißt das, dass dann Beziehungsprobleme auftreten, wenn sich jemand nicht zwischen zwei Partnern entscheiden kann.

Schaf Gefahren können aus innerem Konflikt und Unentschlossenheit erwachsen. Der Eindruck, nicht alles Notwendige getan zu haben, wird durch eine generelle Unzufriedenheit verstärkt. Es geht darum, die eigene Natur zu akzeptieren.

Affe Ein solcher Ochse ist reich mit technischen und praktischen Begabungen gesegnet. Günstige Gelegenheiten laden zu künstlerischen oder handwerklichen Spitzenleistungen ein.

Hahn Ein vorteilhafter Einfluss – besonders beruflich. Reichtümer im späteren Leben und ein luxuriöses Heim kündigen sich an.

Hund Innere Unzufriedenheit resultiert aus Verbitterung über häusliche Zustände. Das äußert sich in permanent geäußertem Wunsch nach einem Ortswechsel und gleichzeitig mangelndem Willen, sich dazu aufzuraffen. Klare Entscheidungen sind nötig.

Schwein (Kurierpferd) Stress resultiert aus einem Reisedrang, obwohl man seine Wurzeln wahren möchte. Dieser Zwiespalt ist auf Dauer eine schwere Last.

TIGER

HAUS: *Entwicklung*
ZWEIG: III / *Yang*
ELEMENT: *Holz*

Für die Chinesen ist nicht der Löwe der König der Tiere, sondern der Tiger. Als Beweis lässt sich anführen, dass die Fellstreifen auf dem Tigerkopf das Schriftzeichen „wang" mit der Bedeutung „König" bilden. Es ergab sich fast zwangsläufig, dass zu der Zeit, als die 12 Zweige durch Tiernamen ersetzt wurden, der Tiger am besten geeignet schien, den ersten Monat des chinesischen Jahreszyklus zu repräsentieren. Trotzdem ist er nicht das erste Zeichen im chinesischen Tierkreis. Der Frühlingsanfang ist, eher als der tiefe Winter, bestens zum Ausdruck der königlichen Würde geeignet. So hat es sich ergeben, dass der Tiger Autorität, Regierungsgewalt und Rechtsprechung repräsentiert. Außerdem symbolisiert der Tiger Luxus, Macht und Disziplin, die herrschenden Klassen und das Militär.

DIE PERSÖNLICHKEIT DES TIGERS

Der Schlüsselbegriff zum Verständnis des Tigers heißt „Magnetismus". Man kann sich den Tiger-Menschen kaum als Spion vorstellen – es sei denn vom Format eines James Bond. Das unauffällige Agieren im Hintergrund gehört wahrlich nicht zu seinem Repertoire. Er wird in jeder Ansammlung von Menschen hervorstechen; wenn das durch modische und teure Ausstattung nicht möglich ist, dann eben durch schiere physische Präsenz. Der Tiger besitzt natürliche Autorität und geht selbstverständlich davon aus, dass jedermann sich ihm unterordnet. So ein offensiver Charakterzug wird Männern schon einmal nachgesehen, Frauen mit dieser Eigenschaft werden dagegen verachtet. „Hol dir niemals eine Tigerin ins Haus", lautet eine alte Weisheit der Chinesen, mit der sie ihre traditionelle Sicht der Frau in der Gesellschaft ausdrücken.

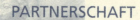

PARTNERSCHAFT

Wie Menschen, die im Jahr des Tigers geboren sind, mit den verschiedenen Tierzeichen auskommen.

Ratte Eine entspannte Beziehung, vorausgesetzt man gesteht sich unterschiedliche Interessen zu. Die Ratte sollte nicht erwarten, dass der Tiger auf seine Interessen außerhalb des Hauses verzichtet. Es gibt so viele Gelegenheiten für gemeinsame Erfahrungen, dass jeder auch seinen eigenen Weg gehen darf.

Ochse Ein chinesisches Sprichwort sagt: „Ein Ochse nimmt es mit zwei Tigern auf." Eine problematische Beziehung. Der Tiger sollte auch mal die untergeordnete Rolle kennen lernen und sich lächelnd den Umständen fügen.

Tiger Eine seltsame, unberechenbare Verbindung, in der zwei sehr ähnliche Individuen rivalisieren. Kompromisse scheinen kaum möglich, denn beide betrachten sich als Herrscher im eigenen Reich. Sie müssen lernen, in Frieden zusammenzuleben, sonst droht Krieg.

Hase Eine glückliche Beziehung. Obgleich sich ihre Handlungsweisen widersprechen mögen, haben sie ihre Methoden zur Problemlösung gefunden. Beide sind klug genug, dem anderen seine Strategie zuzugestehen. Geschäftlich arbeiten sie hervorragend zusammen.

Drache Geschäftlich ist diese Beziehung lebhaft und erfolgreich. Eine leidenschaftliche Episode ist ebenfalls vielversprechend; eine länger dauernde Beziehung scheitert jedoch am unstillbaren Verlangen nach Zauber und Überraschung.

Schlange Über der Beziehung schwebt immer ein wenig Misstrauen – jeder versucht zu ergründen, was im Partner gerade vorgeht. Beide fürchten, dass der andere ein Geheimnis verbirgt oder vielleicht eines entdeckt hat, darüber aber nicht sprechen möchte. In ökonomischen Beziehungen kann eine Schlange-Persönlichkeit dagegen eine konstruktive und einflussreiche Rolle spielen, die dem reibungslosen Geschäftsverlauf sehr gut tut.

Pferd Die beste Partnerschaft, die ein Tiger finden kann. Er schätzt am Pferd besonders dessen Verständnis, Loyalität und Hilfsbereitschaft. Pferd-Menschen sind dem Tiger gute und aufgeschlossene Partner, die ihm in schweren Stunden mit offenem Ohr zur Seite stehen.

Schaf Obgleich der Tiger es für etwas zu bieder hält, ist er gerade deshalb auf das Schaf angewiesen. Ein gelegentlicher Rückzug von den Anstrengungen des täglichen Lebens hin zu Ruhe und Verlässlichkeit ist genau das, was er benötigt.

Affe Es mag wohl ein Angstschauder gewesen sein, der diese beiden zueinander geführt hat ... Beide müssen sich nachhaltig umstellen, um dieser Verbindung zum Erfolg zu verhelfen. In der Geschäftswelt sollte ein dritter Partner das Team vervollständigen, um für freundliche Stimmung zu sorgen.

Hahn Zwei energiegeladene Individualisten treffen hier aufeinander. Respekt allein reicht nicht, es sollte auch gegenseitige Bewunderung herrschen. Wenn sie gemeinsam etwas unternehmen wollen, dann sollte es beiden zum Vorteil gereichen. Falls einer von beiden eine attraktive Erscheinung ist, kann Eifersucht zum Problem werden.

Hund Dies ist die zweitgünstigste Konstellation für den Tiger. Beide respektieren die Ideale des anderen und sind besonders glücklich, dass ihre hohen Wertmaßstäbe nicht lächerlich gemacht oder als veraltet abgetan werden. Sie unterstützen sich stark in häuslichen wie geschäftlichen Dingen und sind bereit, miteinander durch dick und dünn zu gehen.

Schwein In dieser Beziehung sind die Verantwortlichkeiten zwischen Geldverdienen und häuslichen Aufgaben eindeutig getrennt und die jeweiligen Probleme des Partners werden kaum zur Kenntnis genommen. In der Liebe ist mit Konfrontationen zu rechnen. Geschäftlich sollten die beiden besser nicht miteinander zu tun haben.

GÜNSTIGE UND UNGÜNSTIGE PHASEN

Wie es dem Tiger in den Phasen ergeht, die von den verschiedenen Tierzeichen beherrscht werden.

Ratte Eine günstige Zeit für den Tiger, insbesondere wenn er Fernreisen mit geschäftlichen Aufgaben verbinden kann. Die finanzielle Situation verbessert sich; das betrifft speziell langfristige Geldanlagen.

Ochse Eine schwierige Phase, in der Konflikte und unerwartete Widrigkeiten auftauchen. Später wird sich herausstellen, dass diese den Tiger nur vorübergehend aufhalten konnten.

Tiger Eine ereignisreiche Periode, die dem Tiger persönliche Erfolge und die Vollendung kurzfristiger Vorhaben beschert. Wer sich Aufstieg und Beförderung wünscht, sollte mutig vortreten.

Hase Jetzt macht es besonders viel Spaß, dem Erfolg von nahe stehenden Menschen beizuwohnen. Gute Leistungen von Familienmitgliedern erfüllen den Tiger-Menschen mit Befriedigung. Die Zeit ist günstig für Heiratspläne und vergleichbare Angelegenheiten.

Drache Der Drache ist für die meisten Menschen ein Glücksbringer, vor allem für Tiger. Lassen Sie das Glück zu Ihnen kommen – versuchen Sie nicht, es herbeizuzwingen.

Schlange Keine besonders günstige Lage für einen Tiger. Er muss sich vor Beleidigungen hüten, denn Worte können mehr Unheil anrichten als Steinwürfe. Sind aber Affe und Schwein ebenfalls zugegen, winkt das Glück.

Pferd Eines von zwei besonders positiven Tierzeichen. Die Gewinne bewirken nicht nur finanzielle Stabilität, sondern erhöhen deutlich die Lebensqualität. Gestörte Beziehungen lassen sich reparieren, wo vorher Konkurrenz zu Verstimmungen geführt hat.

Schaf Für den Tiger eine, gelinde gesagt, mittelprächtige Phase. Es können familiäre Probleme auftreten, in denen Sie Autorität beweisen müssen, obwohl Ihr Eingreifen auf wenig Verständnis stoßen mag. Es empfiehlt sich aber auf jeden Fall, deutlich Ihre Meinung zu sagen.

Affe Vorsicht ist angeraten, weil Affen wissen, wie man den Tiger am Schwanz packt. Ist eine Schlange zugegen, sollte man sich um häusliche Angelegenheiten kümmern. Spielt ein Schwein mit, können Rechtsdinge lästig werden.

Hahn Eine turbulente Zeit voll dramatischer Veränderungen. Es kommt zu Auseinandersetzungen mit Rivalen, die aber vorteilhaft für Sie ausgehen. Ihre Freizeitpläne könnten gestört werden.

Hund Ein günstiges Tierzeichen, besonders in Bezug auf das Zuhause (eher das Gebäude als die Bewohner) betreffend.

Schwein Das Schwein kann Streit über triviale Dinge im Familienkreis bedeuten. Das wird Sie wohl nicht weiter beunruhigen; aber andere Familienmitglieder können sich aufregen, ohne dass Sie das wissen.

EINFLÜSSE DER TIERZEICHEN IM HOROSKOP

Wie die anderen Tierzeichen im Horoskop das Leben des Tigers beeinflussen.

Ratte Reisen bildet – das wissen besonders Wasser-Tiger. Sie sind entweder selbst ununterbrochen in Bewegung oder planen die Reisen anderer. Sie können höchstens dann innehalten, wenn ein Reiseführer bereitliegt.

Ochse Innere Anspannung kann zu einem schwankenden Temperament führen. Sie sollten sich in Geduld üben und die Sprüche des Konfuzius studieren.

Tiger Selbstbewusstsein ist noch kein Fehler, übertriebene Selbsteinschätzung schon. Es ist gut, sich Ziele zu setzen, denn sonst kann man sich kaum auf etwas freuen. Aber Misserfolge schlagen zuweilen aufs Gemüt.

Hase (Blume der Liebe) Der aktivste Tiger-Typ; das zusätzliche Holz-Element vereint Kreativität mit Entschlossenheit. Diese Menschen haben die Anlage zum großen Künstler; aber manchmal fördern sie eher die Kreativität anderer – z.B. durch inspirierende Anleitung.

Drache Dieses Zeichen bestärkt den Tiger, die angenehmen Seiten des Lebens zu genießen. So kann es ihm aus eigener Kraft gelingen, eine hohe gesellschaftliche Position zu erringen.

Schlange Der Einfluss des Feuer-Elements sorgt für intellektuelle Anregung und fördert die Vorliebe für mathematische Aufgaben sowie knifflige Rätsel. Diese Tiger-Typen brausen schnell auf, deshalb sollte man sie in ihren Konzentrationsphasen besser nicht stören.

Pferd Ein sehr guter Einfluss, der die sozialen Aussichten des Tigers verbessert; dadurch wird er „sozialer" und ist gut zur Menschenführung geeignet.

Schaf Ein kompliziertes Zeichen. Normalerweise ist der Einfluss des Schafs neutral, aber zusammen mit anderen Tierzeichen können besondere Kräfte entstehen. Es empfiehlt sich, diese Konstellation aufmerksam zu betrachten.

Affe (Kurierpferd) Für den Tiger ein beunruhigendes Zeichen, das auf Emigration oder lange Abwesenheit verweist.

Hahn Konkurrenz sorgt bei diesem Tiger-Typ für Anregung. Er kann geschickt mit Konten umgehen – ob es sich um die eigenen oder die anderer Menschen handelt. Geschäftlich und gesellschaftlich wird er hoch geschätzt.

Hund Ausdauer und Beharrlichkeit sind die Grundzüge dieser praktisch veranlagten Persönlichkeit. Die Anwesenheit des Elements Erde beweist, dass viel Wert auf das Haus gelegt wird, das sich schon äußerlich deutlich von der Nachbarschaft unterscheidet. Mit diesem Menschen sollte man sich nicht auf Diskussionen einlassen, denn die eigenen Ansichten werden sich dabei vermutlich ändern.

Schwein Auf sich gestellt, kämpft ein vom Schwein beeinflusster Tiger mit häuslichen Strukturen. Es kann eine starke innere Unrast bestehen.

HASE

Das vierte Zeichen des chinesischen Tierkreises regiert den Frühlingsmonat, in dem die Tagundnachtgleiche liegt. Ebenso regiert dieses Zeichen die Tageszeit zwischen 5 und 7 Uhr, also wenn die Nacht dem Tag weicht. Der Hase steht für das neu beginnende Leben und betrifft alle Dinge, die mit Kindern zusammenhängen, mit ihrer Pflege, Erziehung und Bildung.

Das ursprünglich verwendete Zeichen bildete eine Sternengruppe ab: die Plejaden. Diese wird am Nachthorizont sichtbar, wenn der Frühling naht. Da die Heilkräuter, die zur Stunde des Sonnenaufgangs gesammelt werden, die größte Wirkung entfalten, wird der Hase auch mit den Heilkünsten assoziiert.

DIE PERSÖNLICHKEIT DES HASEN

Der Hase gehört wie der Tiger zum Haus der Entwicklung; aber der Hase ist nicht durch grobe Gewalt siegreich, sondern mit den Mitteln der Diplomatie. Als Yin-Partner des Tigers beweist er ausgeprägte defensive Eigenschaften, besonders wenn Menschen, die seinem Herzen nahe stehen, sich in Gefahr befinden.

Gewöhnlich begegnet uns der Hase mit sanfter Ruhe und Mitgefühl; dadurch fassen viele Menschen schnell Vertrauen zu ihm. Hase-Geborene besitzen einen warmherzigen Charakter und wünschen sich eine große Familie. Wenn ihnen eigene Kinder versagt bleiben, ergreifen sie gern Berufe, in denen sie sich um die Pflege und Erziehung von Kindern kümmern können. Außerdem neigen sie dazu, Minderprivilegierten und auch Tieren zu helfen. Hase-Persönlichkeiten sind ideal als Richter geeignet, denn sie schätzen die Aufrichtigkeit und verachten die Lüge.

HAUS: *Entwicklung*
ZWEIG: *IV / Yin*
ELEMENT: *Holz*

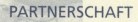

PARTNERSCHAFT

Wie Menschen, die im Jahr des Hasen geboren sind, mit den verschiedenen Tierzeichen auskommen.

Ratte Der Hase hat hier die besseren Karten. Das Element der Ratte ist Wasser – und das nährt das Holz-Element des Hasen. Obgleich der Hase überzeugt ist, dass die Aufgaben gerecht verteilt sind, hegt die Ratte Zweifel. Diese sind vielleicht nicht gerechtfertigt, können aber zu Missverständnissen führen.

Ochse Hier herrschen Liebe und Leidenschaft. Diese beiden können glücklich miteinander leben und verständnisvoll aufeinander eingehen. Sie teilen des anderen Gefühle oder gestatten ihm, sich zurückzuziehen, wenn es nötig ist. Die Beziehung entwickelt sich positiv; gelegentliche Überraschungen sorgen für zusätzliche Lebensfreude.

Tiger Die Yang-Seite der Münze – der Tiger – kann Spannung und sogar Luxus in das Leben des Hasen bringen. Für den Hasen bedeutet das Zusammentreffen mit dem Tiger eine Störung des häuslichen Lebens und eine Erweiterung der sozialen Kontakte. Neue Ideen führen zu Abenteuern, an die er vorher nie gedacht hätte. Im Gegenzug begrüßt der Tiger den ausgleichenden Einfluss des Hasen.

Hase Es scheint, als hätten sich die beiden schon ein Leben lang gekannt. Ihre Interessen und Ziele ähneln sich sehr und selbst ihre Erinnerungen aus der Zeit, bevor sie sich trafen, weisen viele Gemeinsamkeiten auf. Sie bilden ein glückliches Paar, das sich gegenseitig Spielraum lässt.

Drache Dies ist nicht die bestmögliche Partnerwahl. Zunächst verbreitet der Drache wohl einen Hauch von Exotik und Begeisterung, aber die anfängliche Hochstimmung legt sich schnell. Man kann sich nur schwer vorstellen, dass die beiden einander auch in Zeiten finanzieller Not zur Seite stehen werden.

Schlange „Wenn der Hase der Schlange begegnet, dann winkt das wahre Glück", lautet eine alte chinesische Weisheit. Soll man

denn dieser schönen Erkenntnis noch etwas hinzufügen?

Pferd Diese Verbindung gehört nicht gerade zu den günstigsten. Das Pferd scheint besorgt und liebevoll, aber dies kann auch eine Masche sein, um die Aufmerksamkeit des Hasen zu erringen. Dieser muss zu vielen Ansprüchen gerecht werden und verliert dabei viel Energie, die besser anderen, bedürftigeren Personen zugute käme.

Schaf Eine der beiden idealen Partnerschaften des Hasen. Diese haben vieles gemeinsam und können eine Beziehung aufbauen, die zu einem trauten Familienleben und einer verlässlichen geschäftlichen Zusammenarbeit führt. Sie scheinen sich fast blind zu verstehen.

Affe Wie lange kann der Hase die Eskapaden des Affen ertragen? Geduld ist in dieser stürmischen Beziehung überlebensnotwendig. Hinsichtlich Lebensführung und Mentalität sind die Unterschiede so extrem, dass Konflikte unausweichlich scheinen.

Sie haben einander schon etwas zu bieten – aber zu welchem Preis!

Hahn Irgendetwas hat diese beiden zueinander gezogen. Mit der Zeit wird der Hahn dem Hasen aber etwas zu selbstherrlich, während dem Hahn der Hase zu verschlossen erscheint. Beide sollten sich einmal aus der Sicht des anderen betrachten.

Hund Diese Partnerschaft gelingt besser, wenn der Hund der ältere von beiden ist und vielleicht auch noch derjenige, der das Geld verdient; anderenfalls entsteht ein Ungleichgewicht. Die beiden können miteinander leben, ohne eine richtige Partnerschaft zu formen, aber auch ohne sich ihres Individualismus bewusst zu werden.

Schwein Eine wunschlos glückliche Beziehung für den Hasen. Die Partner stimmen in ihrer Liebe für Haus und Familie überein. Unbeeinflusst von äußeren Umständen führen sie ein harmonisches Leben. Dies gestattet ihnen, sich frei von Sorgen um Geschäftliches zu kümmern.

GÜNSTIGE UND UNGÜNSTIGE PHASEN

Wie es dem Hasen in den Phasen ergeht, die von den verschiedenen Tierzeichen beherrscht werden.

Ratte Oberflächlich betrachtet ist dies eine schwierige Phase. Es stehen allerdings die nötigen Mittel zur Verfügung, die Hürden zu überwinden. Gleichwohl wäre das Leben ohne diese Störungen angenehmer.

Ochse Eine aussichtsreiche Periode, in der Gewinne aus fast schon vergessenen Anlagen winken. Das Sicherheitsgefühl verstärkt sich. Durch Veränderung äußerer Umstände finden Sie die Lösung eines Problems, das Sie lange Zeit belastet hat.

Tiger Eine hektische, von viel Erfolg gekrönte Phase, für die Sie sich allerdings auch mit allen Kräften engagieren müssen. Belohnungen gibt es nur für eigene Anstrengungen, sie sind nicht von glücklichen Zufällen abhängig.

Hase Eine gute Zeit für alle Herzensangelegenheiten und wie geschaffen für Romanzen, Hochzeiten und Kindererziehung. Künstler finden viel Inspiration. Landwirtschaftliche Angelegenheiten und Gartenpflege erfüllen Sie mit Befriedigung.

Drache Lassen Sie sich nicht auf riskante Unternehmungen ein. Diese Zeit ist nicht für öffentliche Auftritte geeignet. Wenn sich dergleichen nicht vermeiden lässt, achten Sie peinlich genau auf jede Einzelheit.

Schlange Eine günstige Periode für alles, was mit Finanzen und Rechtsfragen zu tun hat. Tage, die unter dem Einfluss der Schlange stehen, bieten sich besonders für Liebesdinge an.

Pferd Es kann sein, dass ein missgünstiger Kollege Ihnen aus Eifersucht oder Verärgerung Steine in den Weg zu legen versucht. Dieser Störfall wird sie zwar belasten, aber keine weiteren Auswirkungen haben.

Schaf Diese Zeit ist bestens geeignet, wichtige Vorhaben voranzutreiben. Schließen Sie Ihre Planungen ab und setzen Sie sie in die Tat um. Lassen Sie sich günstige Gelegenheiten nicht durch Zaudern entgehen.

Affe Das Arbeitsklima wird durch unerfreuliche Kleinigkeiten gestört, besonders wenn es um Arbeitsgeräte geht. Technische Probleme werden bald behoben.

Hahn Eine Durchgangsphase, in der Sie gleichzeitig mit den Auswirkungen des vorangegangenen und den Ankündigungen des bevorstehenden Zeitabschnitts konfrontiert sind. Die Umstände sind nicht sehr günstig; seien Sie in jeder Hinsicht auf der Hut.

Hund Wenn Sie wichtige Entscheidungen aufschieben können, sollten Sie das unbedingt tun. Ein lange vorbereitetes Projekt kann sonst fehlschlagen.

Schwein Die Einflüsse kommen gelegen, um mit Zeit und Geld das Umfeld zu verschönern. Folgen Sie jedem überzeugenden Beispiel, denn Sie befinden sich in einer Phase der persönlichen existenziellen Entwicklung.

EINFLÜSSE DER TIERZEICHEN IM HOROSKOP

Wie die anderen Tierzeichen im Horoskop das Leben des Hasen beeinflussen.

Ratte (Blume der Liebe) Alle Anzeichen lassen darauf schließen, dass entweder eine dritte Person in der Ehe mitspielt oder ein Partner eine außereheliche Affäre hat. Die daraus resultierenden Komplikationen wirken sich verheerend auf die Finanzen aus.

Ochse Dieses Zeichen gewährt in schwierigen Zeiten Schutz und es verheißt die Genesung von einer schweren Krankheit. Sie besitzen bewundernswerte Ausdauer und Leistungsfähigkeit.

Tiger Dieses günstige Symbol bedeutet, dass von höherer Stelle Hilfe zu erwarten ist. Einige Probleme lassen sich leichter erledigen als angenommen, wenn erst einmal die richtigen Verbindungen bestehen.

Hase Die Doppelkonstellation zeigt erhöhtes Selbstbewusstsein an sowie die Befähigung zum selbständigen Arbeiten, obwohl die Ermutigung derjenigen ausbleibt, die moralisch zur Unterstützung verpflichtet wären.

Drache Eine unglückliche Kombination, die auf finanzielle Instabilität hinweist. Es ist unbedingt nötig, die laufenden Ausgaben unter Kontrolle zu halten und Rücklagen für schlechte Zeiten zu bilden.

Schlange (Kurierpferd) Großes Glück. Eine Beziehung zu einem Menschen aus dem Ausland ist wahrscheinlich. Kinder kommen unter Umständen auf einem anderen Kontinent zur Welt.

Pferd Innerlich kommt es zu einem schweren Kampf zwischen dem Streben nach Individualität und dem Verlangen nach gesellschaftlicher Anerkennung. Es ist wichtig, mit Menschen zusammenzuleben, die den Wunsch nach vorübergehendem Rückzug tolerieren können.

Schaf Die verständnisvolle und warmherzige Natur des Hase-Menschen sowie die liebevolle Einstellung und Hilfsbereitschaft des Schafs bilden eine glückliche, unterstützende Kombination.

Affe Diese Persönlichkeit erscheint äußerlich respektabel, aber innerlich sitzt ihr der Schalk im Nacken, was leicht zu peinlichen Vorfällen führen kann. Zügeln Sie Ihre widersprüchliche Natur, indem Sie etwas Handwerkliches oder Technisches erlernen.

Hahn Ein ungebärdiges Zeichen, das als Warnung zu verstehen ist, wenn auch noch Ratte oder Pferd im Horoskop vorkommen. Menschen dieser Art werden häufig missverstanden und das lässt sie, weil sie ihre inneren Ängste nicht äußern mögen, irrational erscheinen. Bemühen Sie sich um mehr Offenheit.

Hund Hier kommen defensive Züge zum Vorschein, die Ihre Familie und Ihr Heim betreffen. Gut gemeinte Ratschläge werden möglicherweise abgelehnt und als unterschwellige Kritik verstanden.

Schwein Sehr günstig. Ein hingebungsvoller Arbeiter, der alles Erdenkliche für das häusliche Wohlbefinden seiner Familie tut.

DRACHE

Zwischen den westlichen und östlichen Vorstellungen vom Drachen gibt es gewaltige Unterschiede. In beiden Kulturkreisen gilt er als uraltes und groteskes Geschöpf, das mit übernatürlichen Kräften ausgestattet ist. Aber während er im Westen als Feuer speiendes Monstrum dargestellt wird, halten ihn die Chinesen für ein gütiges Wesen, das Wohlstand, Ehre und Ruhm stiftet. Auf die persönliche Entwicklung bezogen symbolisiert der Drache die höchste Stufe – selbst die niedrigste Kreatur kann zur höchsten Vollendung gelangen. In der irdischen Welt bleibt der Drachenthron dem Kaiser vorbehalten.

Als einziges mythisches Wesen unter den zwölf ist der Drachen ein Symbol der Magie und des Übernatürlichen.

DIE PERSÖNLICHKEIT DES DRACHEN

Menschen, die im Zeichen des Drachen geboren sind, werden von seiner berauschenden Erhabenheit beeinflusst. Diese Anlage fördert die extrovertierten Aspekte der Persönlichkeit und führt, wenn sie zu ausgeprägt sind, zu Unbesonnenheit, unlogischen Schlüssen und leichtsinnigen Spekulationen. Solche Charaktere zieht es unwiderstehlich zum Exotischen und zum Ungewissen hin. Das Leben wird entweder zur Lust oder zur Tragödie, in jedem Fall wird es bis zur Neige ausgekostet. Da verwundert es nicht, dass es diese Menschen zum Theater treibt, denn am wohlsten scheint sich ein Drache in einem Beruf zu fühlen, der Verwandlung, große Gesten und Darstellung vor einem bewundernden Publikum verspricht.

Extravaganz und Überschwänglichkeit lassen sich kaum verbergen. Aber ein Zug des Drachen muss besonders streng kontrolliert werden – sein Hang zu Risiko und Glücksspiel.

HAUS: *Spiritualität*
ZWEIG: V / *Yang*
ELEMENT: *Erde*

PARTNERSCHAFT

Wie Menschen, die im Jahr des Drachen geboren sind, mit den verschiedenen Tierzeichen auskommen.

Ratte Im Beruf wie in der Liebe könnte die Ratte der ideale Partner für den Drachen sein. Sie bilden eine hervorragende Gemeinschaft und finden aneinander viel zu bewundern. Die Ratte eignet sich ausgezeichnet als Berater in finanziellen Dingen, kann aber den Drachen auch zu abenteuerlichen Unternehmungen inspirieren.

Ochse Als Zeichen des Erd-Elements versucht der Ochse den Drachen unter Kontrolle zu halten. Das kann aber den Drachen einengen, was zu Unzufriedenheit führt und der Beziehung auf Dauer schadet.

Tiger Zwei, die sich tief verstehen und die Vorliebe für Eskapaden, gesellschaftliche Ereignisse und die schönen Dinge des Lebens teilen. Die Liaison mag atemberaubend sein, kann sich aber als Strohfeuer entpuppen. Gute Freunde können darüber nur den Kopf schütteln.

Hase Ein chinesisches Sprichwort sagt: „Wenn der Hase erscheint, verschwindet das Glück des Drachens." Eine deutliche Warnung. Umstände, die beide nicht ergründen können, dämpfen die Flammen der Leidenschaft.

Drache Zwei Partner des gleichen Zeichens passen im Allgemeinen harmonisch zusammen, aber im Falle des Drachen gilt dies nicht. Er ist an sich schon ein so überwältigendes Zeichen, dass zwei Angehörige dieser Art alles Vorstellbare übersteigen. Es besteht die Gefahr starker persönlicher Rivalität, die jeder wahren Verbindung im Wege steht.

Schlange Schlange und Drache sind Partner im Haus der Spiritualität. Sie bilden ein faszinierendes Paar. Beide bringen genügend Individualität mit, um die Bindung immer wieder zu beleben. Mit vielen gemeinsamen Interessen dürften sich eigentlich keine nennenswerten Schwierigkeiten ergeben. Gute verwandtschaftliche Beziehungen tragen ebenfalls zur Stärkung dieser Partnerschaft bei.

Pferd In dieser Beziehung gibt es vielleicht weniger Berührungspunkte als in vorgeblich guten Partnerschaften, aber eine unterschwellig wirkende Kraft hat sie zusammengeführt. Die Unterschiede sind deutlich erkennbar, doch beide bekennen sich dazu.

Schaf Diesen beiden erscheint das Zusammenleben zuweilen qualvoll. Während ihnen die positiven Eigenschaften des Partners wohl bewusst sind, wünschen sie doch, dass diese häufiger zum Vorschein kämen und gleichzeitig die weniger angenehmen Seiten im Verborgenen blieben. Haben Sie keine Angst, dem anderen Ihre Vorbehalte einmal deutlich mitzuteilen.

Affe Eine bizarre Harmonie besteht zwischen diesen außergewöhnlichen Persönlichkeiten. In Liebe und Beruf verleihen ihnen Vorstellungskraft und gemeinsame Begeisterung enormen Schwung. Wenn sie ihre Kräfte zusammenspannen, können sie bei spektakulären Projekten verblüffende Erfolge erzielen.

Hahn Beide Partner sind so unabhängig, dass sie ihr eigenes Leben führen können und trotzdem als Paar harmonieren. Andere Paare hielten solch ein schwankendes Arrangement nur schwerlich aus. Die zwei wandeln vielleicht auf Messers Schneide, aber sie tun es sicheren Schrittes.

Hund Gewiss keine ideale Partnerschaft. Der Hund-Charakter ist nüchtern und traditionell, der Drache das Gegenteil davon. Eine zusätzliche Kraft muss sie wohl zusammenhalten – vielleicht ist es ihr gemeinsames „inneres Element", Yang-Erde.

Schwein Beide Persönlichkeiten verfolgen unterschiedliche Prioritäten und stimmen in ihren Lebenskonzepten sicher nicht überein. Persönliche Eigenarten mögen den Partner irritieren und zu Missverständnissen führen. Es muss aber wohl genügend Liebe vorhanden sein, denn sonst könnten sie nicht zusammenbleiben. Sie würden sich eher mit der Unabänderlichkeit einer Situation abfinden, als vor ihr zu kapitulieren.

GÜNSTIGE UND UNGÜNSTIGE PHASEN

Wie es dem Drachen in den Phasen ergeht, die von den verschiedenen Tierzeichen beherrscht werden.

Ratte Solche Perioden bedeuten für Sie finanziell günstige Bedingungen. Sie sollten aber mit Bedacht handeln, weil diese positiven Zeiten nicht ewig anhalten.

Ochse In dieser Phase des Stillstands sind Veränderungen nur schwer zu bewerkstelligen. Lassen Sie sich nicht durch widrige Umstände entmutigen, sondern planen Sie unverdrossen weiter.

Tiger Die Zeichen stehen günstig für berufliche Pläne. Je stärker sie sich engagieren, umso besser werden die Resultate sein.

Hase Rechnen Sie nicht zu fest mit Erfolgen, wenn Sie Projekte jetzt abschließen wollen. Zeitliche Pannen und finanzielle Forderungen können unerwartete Verzögerungen verursachen.

Drache In dieser viel versprechenden Zeit sollten Sie mit Bedacht handeln. Obwohl die Aussichten günstig sind, besteht die Gefahr, dass Sie sich verplanen oder Ihre Erwartungen überziehen.

Schlange In dieser Periode können Sie Gewinne aus schon länger laufenden Geschäften erwarten. Langfristige Projekte sollten Sie jetzt nicht in Angriff nehmen. Sichere Transaktionen erfordern sorgfältige Vorbereitungen.

Pferd Nutzen Sie die günstigen Bedingungen für gesellschaftliche Aktivitäten und Teamwork, für sportliche Wettkämpfe, Unternehmungen unter Männern und in der freien Natur. Weniger empfehlenswert sind typisch weibliche Betätigungen.

Schaf Neue Pläne sollten unbedingt zurückgestellt werden. Es ist wahrscheinlich schwierig, sich die Hilfe kompetenter Helfer zu sichern. Es wäre besser, die Zeit für geschäftliche Restrukturierung und Neuorientierung zu nutzen.

Affe Eine dynamische Phase für Drache-Typen, insbesondere für technische Projekte. Auf längere Sicht sollten Sie zusätzliche berufliche Qualifikationen oder eine Veränderung des Wirkungskreises ins Auge fassen.

Hahn Es wird sich eine vorgesetzte oder andere maßgebliche Person in Ihre Planungen einmischen, die man kritisiert und die man nach eigenen Vorstellungen weitergeführt sehen möchte. Längerfristig sollten Sie damit rechnen, dass Gelder für ein wichtiges Projekt nicht mehr zur Verfügung stehen.

Hund Eine äußerst schwierige Phase. Besonders in Hinsicht auf Ihr Haus müssen Sie mit Problemen rechnen. Es kann sein, dass Sie umziehen oder renovieren müssen. Ihre zeitlichen und finanziellen Möglichkeiten werden aufs äußerste strapaziert.

Schwein Dieser Zeitabschnitt ist so weit vom Einflussbereich des Drachens entfernt, dass von hier weder Unterstützung noch Behinderung möglich ist. Nützen sie die Zeit, um Projekte voranzutreiben, aufkommende Probleme zu lösen und alles zu tun, um Ihr Ziel zu erreichen.

EINFLÜSSE DER TIERZEICHEN IM HOROSKOP

Wie die anderen Tierzeichen im Horoskop das Leben des Drachen beeinflussen.

Ratte Dies ist ein sehr günstiges Zeichen im Drache-Horoskop. Es weist auf finanzielle Gewinne, kreative Fähigkeiten und ein gutes Gespür für kommerzielle Innovationen hin.

Ochse Hier wird die leichtsinnige Ader des Drachen durch den gesunden Menschenverstand des Ochsen bezähmt. Eine Auswanderung wird erwogen, kommt aber wegen heimischer Verpflichtungen nicht zustande.

Tiger (Kurierpferd) Diese Kombination bedeutet entweder große Entfernung zwischen Wohnort und Arbeitsstätte oder einen Umzug ins Ausland. Es besteht die Aussicht auf hohen Lebensstandard, im Idealfall in der zweiten Lebenshälfte.

Hase Es stehen Probleme mit Verwandten bevor. Seien Sie besonders vorsichtig, wenn bei finanziellen Angelegenheiten Ihre Familienmitglieder betroffen sind, weil Ihnen in diesen Fällen die nötige Abgeklärtheit fehlt.

Drache Sie fühlen sich gewiss auf der Bühne sehr wohl. Sie sind ein extrovertierter und überschwenglicher Charakter, der es sich nicht mit seinen Geschäftskollegen verderben sollte.

Schlange Die Schlange ist bei weitem nicht so extrovertiert wie der Drache; die Vorliebe für das Okkulte und die geheimen Künste sind allerdings genau so stark ausgeprägt. Menschen mit dieser Veranlagung besitzen häufig auch mediale Fähigkeiten.

Pferd Hier liegt ein günstiger Einfluss vor, der die Kontaktfreudigkeit vergrößert und in gewissem Sinne mäßigend wirkt, ohne den Drachen in seinem freien Ausdruck zu beschränken.

Schaf Die künstlerischen Neigungen des Drachen werden stärker auf musikalische und gesellschaftliche Aktivitäten gelenkt; häufig ist dabei auch die Familie betroffen. Hoch gesteckte berufliche Ziele werden vermutlich nicht erreicht.

Affe Wenn es gelingen sollte, die extrovertierte Lebensart des Drachen noch zu verstärken, dann durch die Anwesenheit des Affen im Horoskop. Witz und Geschicklichkeit werden durch die technische Begabung noch intensiviert.

Hahn (Blume der Liebe) Handelt es sich um einen Mann, könnte seine Schwäche für das weibliche Geschlecht zum Untergang führen. Weibliche Drachen leiden eher unter eifersüchtigen Rivalinnen. Verbergen Sie keine Geheimnisse vor Ihrem Partner.

Hund Es gibt Dinge, die wir gern tun möchten, und es gibt Dinge, die erledigt werden müssen. In diesem Fall scheint das Leben permanent zwischen diesen beiden Extremen zu schwanken.

Schwein Unter der lauten, leichtsinnigen Oberfläche liegt eine ruhige, vernünftige und umsichtige Persönlichkeit, die ihre Fühler nach außen richten möchte. Geben Sie dem Kopf gelegentlich Vorrang vor dem Herzen.

SCHLANGE

HAUS: *Spiritualität*
ZWEIG: VI / *Yin*
ELEMENT: *Feuer*

Die Schlange bildet im Haus der Spiritualität das Pendant zum Drachen. Als Grund für die Wahl zum sechsten Zeichen könnte man annehmen, dass die Schlange wegen ihrer drachenähnlichen Gestalt bevorzugt wurde. Aber diese Hypothese erweist sich als unhaltbar, wenn man die Paarungen in den anderen Häusern betrachtet. Der wahre Grund liegt im ursprünglichen Schriftzeichen für den sechsten Zweig. Dieses wurde wie eine umgekehrte „9" geschrieben und im ältesten chinesischen Wörterbuch als „geringelt wie eine Schlange" definiert. Die Schlange symbolisiert die durch Verfeinerung und künstlerische Zurückhaltung erlangte Eleganz. Das chinesische Sprichwort „Eine Schlange mit Füßen malen", soll davor warnen, etwas Perfektes noch verbessern zu wollen.

DIE PERSÖNLICHKEIT DER SCHLANGE

Die grundlegenden Merkmale der Schlange-Persönlichkeit lassen sich mit den Begriffen „mystisch" und „minimalistisch" umschreiben. Der Schlange-Typus zeichnet sich durch stille Überlegenheit, die Gabe des verständnisvollen Zuhörens und durch wohl kalkulierte äußere Teilnahmslosigkeit aus. Zur weit verbreiteten Sprachbegabung gesellt sich häufig ein hohes Maß an Intuition, das fast schon ins Übersinnliche reicht. Die Schlange lernt schweigend. Beim Aufspüren und Ausforschen von Geheimnissen ist sie unermüdlich.

Schlange-Menschen eignen sich vorzüglich als Forscher, Rechtsanwälte, ja sogar als Geheimagenten, weil sie ein Gespür für Informationen besitzen, die für sie in naher oder auch ferner Zukunft einmal wichtig sein könnten. Sie bedienen sich subtiler Methoden und schaffen es, sich unauffindbar im Hintergrund zu verbergen. Ihre äußere Erscheinung ist gepflegt und elegant, aber nicht auffällig.

Wie Menschen, die im Jahr der Schlange geboren sind, mit den verschiedenen Tierzeichen auskommen.

Ratte Ein chinesisches Sprichwort besagt: „Die Schlange verschlingt die Ratte." Die beiderseitige Anziehungskraft kann sehr stark sein, aber die Schlange wird auf jeden Fall dominieren. Schlange-Menschen sollten unbedingt einsehen, dass auch Ratten ein Anrecht auf Individualität haben.

Ochse Äußerlich gesehen gibt es wohl keinen größeren Kontrast als den zwischen dem schweren, ungeschlachten Ochsen und der geschmeidigen Schlange. Aber auf menschlicher Ebene herrscht eine starke Anziehung, die zwischen körperlicher Präsenz des Ochsen und mystischer Faszination der Schlange unauflösbar vermittelt. Eine „perfekte" Partnerschaft für die Schlange.

Tiger Zweifellos haben die beiden zu fast allen Dingen eine konträre Meinung. Das ist erstaunlich, da sie aus vergleichbaren gesellschaftlichen Kreisen stammen.

Vielleicht hat jeder nach einem gleich gesinnten Partner ausgeschaut, musste später jedoch feststellen, dass sie absolut keine Gemeinsamkeiten haben. Eine Beziehung, die mit viel Feingefühl gepflegt werden sollte.

Hase „Wenn der Hase der Schlange begegnet, kommt es zum wahren Glück", lautet eine chinesische Erkenntnis. Diese beiden Charaktere können gemeinsam alle Hindernisse überwinden. Sie sollten allerdings darauf achten, dass ihre Liebe sie gegenüber der alltäglichen Realität nicht blind macht.

Drache Der Drache versucht, aus dieser Partnerschaft mehr herauszuholen, als er investiert. Die Schlange stört das aber nicht weiter, weil sie sich in einer engen Partnerschaft gut aufgehoben fühlt. Es kann aber Probleme geben, wenn die Schlange auch die unsichtbaren Kosten dieser Beziehung bilanziert.

Schlange Liebesverhältnisse zwischen zwei Schlange-Partnern zeichnen sich durch warmherzi-

ges Verständnis aus. Schwieriger wird es, wenn sie sich geschäftlich zusammentun, in gleichgeschlechtlichen Beziehungen und zwischen Familienmitgliedern mit dem gleichen Schlange-Aspekt. Das liegt an dem Hang, sich einzumischen, an Rivalität und Eifersucht.

Pferd Wenn die Partner altersmäßig nur ein Jahr auseinander liegen, dann wirkt sich das Schlange-Jahr günstig auf das des Pferdes aus und stabilisiert das Zusammenleben. Fällt der Altersunterschied größer aus, so ist die gegenseitige Anziehung möglicherweise nicht stark genug.

Schaf Eine glückliche Partnerschaft, in der zwei grundverschiedene Menschen erkennen, wie viel sie verbindet. Beide sind bemüht, dem Partner eine sorgenfreie Existenz zu schaffen. Missverständnisse und stürmische Phasen lassen sich mit innerer Kraft überstehen.

Affe Beide vertreten deutlich verschiedene Lebensphilosophien und es verwundert manchmal,

wie sie sich überhaupt kennen lernen konnten. Sie werden weniger durch Gemeinsamkeiten zusammengehalten als durch Meinungsverschiedenheiten.

Hahn Dies ist neben dem Ochsen die zweite der „perfekten" Beziehungen für die Schlange. Sie zeichnet sich durch gegenseitige Anerkennung und Respekt aus. Mit vereinten Kräften kann sie auch im Wirtschaftsleben erfolgreich bestehen.

Hund Sie stammen aus verschiedenen Welten. Selbst wenn sie gleicher Herkunft sind, beruht ihre Beziehung eher auf Achtung und Respekt denn auf Gleichrangigkeit. Es ist wichtig, alle Dinge miteinander zu besprechen und unterschiedliche Auffassungen zu klären.

Schwein Die beiden bemühen sich, den Partner glücklich zu machen, ohne jemals zu erkennen, was er eigentlich möchte. Kehren Sie zu den elementaren Dingen des Zusammenlebens zurück und haben Sie keine Angst, Dinge anzusprechen.

GÜNSTIGE UND UNGÜNSTIGE PHASEN

Wie es der Schlange in den Phasen ergeht, die von den verschiedenen Tierzeichen beherrscht werden.

Ratte Dies ist eine Periode gewaltsamer Aneignung. Sie können Erfolg haben – aber nur, wenn Sie sich mit aller Macht vordrängen. Dabei besteht die Gefahr, Freunde zu verprellen. Prüfen Sie, was Ihnen wichtiger ist.

Ochse Vor Ihnen liegt eine glückliche Zeit Sie werden ausgiebig dafür belohnt, dass Sie Ihre Ziele unbeirrt verfolgt haben.

Tiger Probleme kündigen sich an. Vor Gericht empfiehlt es sich, einem Kompromiss zuzustimmen – der langwierige Kampf ums Recht könnte mit einem Pyrrhussieg enden. Ziehen Sie sich elegant aus der Affäre und stellen Sie sich erst später wieder der Herausforderung.

Hase Die Betonung liegt in dieser Periode auf dem persönlichen Glück. Alle anderen Erwägungen – finanzieller, beruflicher und sogar gesundheitlicher Art – verlieren an Bedeutung und sollten zurückgestellt werden. Genießen Sie die angenehmen Möglichkeiten, die Ihnen das Lebens bietet, bevor sie unwiderruflich an Ihnen vorüberziehen.

Drache Das Getreide erntet sich nicht selbst. Für jeden, der bereit ist, die Ärmel hochzukrempeln und für seinen Erfolg zu arbeiten, ist dies eine positive Phase. Wer seinem Leben eine neue Richtung geben möchte, sollte die Gunst der Stunde nutzen.

Schlange Eine hervorragende Zeit, um einen Lebensabschnitt zu beenden und sich einer neuen Herausforderung zuzuwenden. Persönliche Ziele und neue Kontakte geraten ins Blickfeld.

Pferd Die gewohnten Dinge laufen weiter, allerdings in veränderter Umgebung. Häuser werden umgebaut oder Kollegen und Bekannte ziehen fort – nur Ihre Position bleibt die gleiche.

Schaf Jemand aus Ihrer engsten Umgebung ist auf Ihre Hilfe angewiesen; Sie werden dadurch zeitlich oder finanziell stark in Anspruch genommen, sollten sich aber nicht verweigern, denn Ihnen liegt viel an dieser Person.

Affe Die Zeit ist nicht geeignet, um neue Maschinen anzuschaffen. Prüfen Sie, ob Sie gegen technische Pannen gut versichert sind.

Hahn In dieser äußerst günstigen Phase sollten Sie Ihre gute körperliche Verfassung nutzen, um Ihr Leben neu zu organisieren. Wenn Sie vom großen Urlaub träumen, treten Sie ihn jetzt an.

Hund Konzentrieren Sie sich jetzt auf Haus und Grundstück. Sie sollten Ihre Wohnsituation überdenken und Verbesserungen ins Auge fassen.

Schwein Störungen im familiären Bereich sind möglich. Oder das Angebot an einen Freund, vorübergehend im Gästezimmer zu wohnen, könnte als Einladung zum permanenten Einzug missverstanden werden. Achten Sie bei Hilfsangeboten sorgfältig auf Ihre Worte.

EINFLÜSSE DER TIERZEICHEN IM HOROSKOP

Wie die anderen Tierzeichen im Horoskop das Leben der Schlange beeinflussen.

Ratte Finanzielle Probleme machen sich zwar störend bemerkbar, bilden aber keine ernste Gefahr. Sie haben vielleicht nicht so viel Geld auf dem Konto, wie Sie sich wünschen, aber zum Leben reicht es allemal.

Ochse Wenn die Intelligenz der Schlange durch die innere Stärke des Ochsen ergänzt wird, entwickelt sich eine fähige und zupackende Arbeitskraft, die zudem noch Organisationstalent und Führungseigenschaften mitbringt.

Tiger Die eher zurückhaltend veranlagte Schlange gewinnt durch die respekteinflößenden Eigenschaften des Tigers an physischer Präsenz und Durchsetzungskraft. Das kann aber die Geduld verringern und ein explosives Temperament ergeben.

Hase Persönliche Ziele entwickeln sich zur vollsten Zufriedenheit. Liebesbeziehungen sind tief und aufrichtig. Außerhalb des engsten Kreises besteht kein Bedarf an sozialen Kontakten.

Drache Ausgeprägtes Selbstbewusstsein und überhebliches Auftreten lösen eine Abneigung gegenüber Angehörigen tiefer gestellter Schichten aus. Es besteht großes Interesse an übersinnlichen Phänomenen.

Schlange Die typischen Eigenschaften der Schlange-Persönlichkeit werden verstärkt. Dadurch können Sie aktuelle Trends, finanzielle Entwicklungen und sogar Charaktere mit unvorstellbarer Genauigkeit analysieren. Diese Fähigkeiten sollten Sie zu Ihrem persönlichen Vorteil nutzen.

Pferd (Blume der Liebe) Die zur Selbstergründung neigende Schlange wird durch das extrovertierte Pferd ausbalanciert. Diese Kombination verleiht Ihnen etwas Gewinnendes.

Schaf Kulturelle Exklusivität und Liebe zur Kunst, besonders zur Musik, liegen im Bereich dieser beiden Tierzeichen. Die Familienbande sind eng und die Lebensqualität ist hoch.

Affe Obwohl Sie das Auge eines Künstlers besitzen und manuell geschickt sind, klappt es nicht so richtig mit der praktischen Umsetzung von Ideen. Aber nach einigen Umwegen stellen sich die Erfolge dennoch ein.

Hahn Eine extrovertierte Veranlagung versucht, den Beschränkungen einer introvertierten Persönlichkeit zu entkommen. Wenn die Schlange sich erfolgreich häuten kann, winken persönlich befriedigende Resultate.

Hund Das Leben hätte noch viel mehr zu bieten, wenn es nur gelänge, der aktuellen Bedrängnis zu entfliehen. Weichen Sie aus oder versuchen Sie, das Beste aus Ihren Gaben zu machen.

Schwein (Kurierpferd) Setzen Sie Ihre Fantasie ein, um für sich und Ihre Familie eine bessere Umgebung zu schaffen. Wenn Sie es allein nicht können, zögern Sie nicht, um Hilfe zu bitten. Es gibt genügend Menschen, die Ihnen helfen möchten.

PFERD

Das ursprüngliche Zeichen für die Mittagsstunde und den Monat mit dem längsten Tag – beides Pferd-Perioden – zeigte zwei Waagschalen und wies damit auf die zentrale Position zwischen den beiden Tages- bzw. Jahreshälften hin.

Das Pferd gehört zum Haus der Sexualität und regiert alle Angelegenheiten, die mit der Unterscheidung der Geschlechter, den ihnen zugewiesenen Pflichten und ihrer gegenseitigen Anziehung zu tun haben. Das Pferd nimmt eine wichtige Zeitposition im Tierkreis ein, denn es zeigt an, wann besondere Umstände ihrem Höhepunkt entgegenstreben. Aus diesem Grund sollte das Pferd als Repräsentant von Erfolg und Zufriedenheit möglichst erst in späteren Jahren erscheinen.

DIE PERSÖNLICHKEIT DES PFERDES

Der Einfluss des siebten Zeichens erhöht den Bedarf an gesellschaftlichen Beziehungen. Die ursprüngliche Verbindung zum Leben in der weiten Natur verrät eine Vorliebe für sportliche Aktivitäten. Der typische Pferd-Mensch kennt die neuesten Trends und möchte unbedingt als Erster Neuigkeiten erfahren und weitergeben.

Während der typische Pferd-Mann die traditionelle chinesische Ansicht teilt, dass die Frau das Haus hüten soll, hegt die Pferd-Frau eine ganz konträre Auffassung. Sie hält nichts von Gleichberechtigung, da sie von der naturgegebenen Überlegenheit der Frau überzeugt ist. Die Chinesen haben sich immer schon vor Frauen gefürchtet, die im Jahr des Pferdes geboren sind. Sie gelten als selbstbewusst und strahlen Autorität aus. Das gilt besonders für Frauen, die in den Jahren des Feuer-Pferdes zur Welt kommen. Das letzte war 1966, das nächste ist 2026.

HAUS: *Sexualität*
ZWEIG: VII / *Yang*
ELEMENT: *Feuer*

PARTNERSCHAFT

Wie Menschen, die im Jahre des Pferdes geboren sind, mit den verschiedenen Tierzeichen auskommen.

Ratte Man kann sich schwerlich Menschen mit gegensätzlicheren Auffassungen vorstellen. Es kommt immer wieder zum Zusammenstoß zwischen Konvention und Innovation. Die Verbindung kann nur glücken, wenn die Partner sich weite Freiräume gewähren.

Ochse Es heißt, dass Ochse und Pferd nicht in den gleichen Stall passen. Ihre Auffassungen liegen in der Tat so weit auseinander, dass es nicht einmal zum Streitgespräch reicht. Im Allgemeinen sorgt der Ochse in dieser Beziehung für Stabilität und hält das Pferd davon ab fortzugaloppieren.

Tiger Ein Seelenverwandter. Beide haben gemeinsame Ideale, auch wenn sie ihre Ziele zuweilen auf unterschiedlichen Wegen erreichen. Im Beruf und in der Liebe herrscht gegenseitiger Respekt, der zu inniger Zuneigung heranreift. Eine erfolgversprechende, glückliche Beziehung.

Hase Manchmal sind familiäre Verpflichtungen wichtiger als soziale Ämter und geschäftliche Aktivitäten. Ohne Verständnis und Aufgabenteilung würde es schwierig. Es fördert nicht gerade die familiäre Harmonie, wenn das Pferd aus lauter Prinzipienreiterei das gemeinsame Wohl aus den Augen verliert.

Drache Die Beziehung kann sehr lebhaft werden. Wenn die Partner sich nur hin und wieder erinnerten, wo sie sich befinden: auf dem Planeten Erde. Auch die ausgefallensten Vorstellungen lassen sich bisweilen realisieren. Aber man muss auch mit Zeiten rechnen, in denen es darum geht, den alltäglichen Kleinkram zu bewältigen.

Schlange Man hat sich wahrscheinlich auf sozialer oder geschäftlicher Ebene getroffen. Zunächst sah das auch sehr vernünftig aus, aber das Leben verlangt mehr, als nur den sachdienlichsten oder bequemsten Weg zu gehen. Achten Sie darauf, wie sich Ihrer beider Erfahrungshorizont erweitern lässt.

Pferd Zwei Pferd-Typen können glücklich miteinander leben und viele herzerfreuende Momente teilen. Es ist mit Meinungsunterschieden zu rechnen, die weder die Beziehung beeinträchtigen können noch des Streits wert sind. Jeder respektiert die Rechte des anderen.

Schaf Die beiden glauben und vertrauen einander. Ihre gegenseitige Zuneigung ist mehr als nur eine romantische Liebelei. Sie ist von Wärme und Verständnis geprägt, die von ganzem Herz kommen. Obgleich ein Partner längere Zeit fern der Heimat weilen wird, leidet jeder gleichermaßen unter dieser Abwesenheit.

Affe Reiche Chinesen pflegten ihre Pferde früher dadurch zu unterhalten, dass sie ihnen im Stall einen Affen zugesellten. In einer Beziehung ist der Affe das belebende Element; er ist immer bereit, das neueste Gerücht und den aktuellsten Trend mitzuteilen. In geschäftlichen Partnerschaften ist er immer über Konkurrenten und Widersacher informiert.

Hahn Die Pferd-Persönlichkeit findet am Hahn viel Bewundernswertes, hält aber sein Verhalten insgesamt nicht für akzeptabel. Obwohl das Pferd von dieser Verbindung stark profitiert, sollte es nicht zu viel Rücksicht auf die Gefühle des Hahns nehmen, wenn die Umstände unerfreulich werden.

Hund Dies ist eine der beiden idealen Beziehungen, die ein Pferd eingehen kann. Sie funktioniert geschäftlich und emotional. Beide haben ähnliche Ziele, die ihre Lebensqualität erhöhen sollen. Sie können ihre Vorstellungen aufeinander abstimmen, um ihre Pläne zu realisieren. Ein glückliches Paar mit erfolgversprechender Zukunft.

Schwein Eine angenehme Partnerschaft, die in vielerlei Hinsicht traditionell und vorhersehbar erscheint. Häufig sind beide finanziell unabhängig. Vorübergehende Trennung belastet sie kaum. Wieder vereint, machen sie unbeeindruckt genau dort weiter, wo sie vorher unterbrochen wurden.

GÜNSTIGE UND UNGÜNSTIGE PHASEN

Wie es dem Pferd in den Phasen ergeht, die von den verschiedenen Tierzeichen beherrscht werden.

Ratte Keine besonders günstige Periode, die sich nicht zur Vorbereitung neuer Unternehmungen eignet. Denken Sie immer daran, dass diese Zeit des Stillstands nicht lange anhält.

Ochse Für die Vorbereitung langfristiger Aktivitäten ist diese Zeit bestens geeignet. Umfassende Betrachtung ist im Augenblick wichtiger als Aktionismus.

Tiger Eine äußerst produktive und kreative Periode zur kompetenten Umsetzung neuer Ideen. Alle Angelegenheiten – Laufbahn, Beruf, Beziehung – können aufs beste geregelt werden.

Hase Ein Krankheitsfall oder ungünstige Wetterbedingungen können dazu führen, dass wichtige Termine verschoben – aber nicht abgesagt! – werden müssen.

Drache Eine günstige Zeit für kurzfristige Aktivitäten. Langfristige Engagements werden nur in Maßen erfolgreich sein. Gesellschaftliche Ereignisse, geschäftliche Erfolge durch außergewöhnliche Werbung oder eine exotische Urlaubsreise werden Sie für Ihre Anstrengungen belohnen.

Schlange Eine erfolgversprechende Periode, um laufende Aktivitäten fortzusetzen. Von Richtungsänderungen ist abzuraten; lassen Sie den Dingen ihren Lauf. Verschwenden Sie keine Mittel für Projekte, die Sie längst hätten aufgeben sollen.

Pferd Der große Augenblick ist gekommen, neue Herausforderungen zu suchen. Verlassen Sie sich auf Ihren Instinkt.

Schaf Ihre in der Vergangenheit geleisteten Anstrengungen sollten sich jetzt langsam auszahlen, und zwar in Beruf, Freizeit und Sport sowie in intellektuellen Leistungen. Obwohl der anfängliche Enthusiasmus schwächer wird, bleibt Ihr Engagement stabil.

Affe Eine belebte Periode, in der Sie Ihre Pläne verwirklichen können. Gehen Sie rasch vor und setzen Sie bei Bedarf zusätzliche Mittel ein. Je früher Sie in die Gänge kommen, umso besser. Verzögerungen können Sie teuer zu stehen kommen.

Hahn Ungünstige Zeiten für Verhandlungen. Man wünscht unter Umständen so viele Veränderungen, dass Ihr ursprüngliches Konzept nicht wiederzuerkennen ist. Brechen Sie die Kontakte ab. Fangen Sie neu an.

Hund Eine sehr günstige Phase, in der Sie sich wieder stark genug fühlen, neue Herausforderungen anzunehmen. Setzen sie sich mit allen Kräften ein, dann werden Sie sehen, wie ansteckend Ihre Begeisterung wirkt. Nutzen Sie Ihre Zeit konstruktiv.

Schwein Die Zeit eignet sich nicht für große Veränderungen. Es geht nur langsam voran; deshalb sollten Sie darüber nachdenken, was Sie in der näheren Zukunft tun könnten. Wenn Sie jetzt etwas ändern, muss es später sowieso überprüft werden.

EINFLÜSSE DER TIERZEICHEN IM HOROSKOP

Wie die anderen Tierzeichen im Horoskop das Leben des Pferdes beeinflussen.

Ratte Diese klassische Kombination von Yin und Yang produziert Persönlichkeiten, die so gut ausbalanciert sind, dass sie praktisch als neutral gelten. Sie geben sich die allergrößte Mühe, unparteiisch zu bleiben, laufen dabei aber Gefahr, sich schließlich für gar keine Seite mehr entscheiden zu können. Daher ist es wichtig, den Einfluss weiterer Horoskopzeichen ins Kalkül zu ziehen.

Ochse Der Ochse verleiht einer Persönlichkeit Stabilität, die sonst zu sprunghaft wäre. Die ideale Umgebung liegt auf dem Land, Berufe in Land- und Forstwirtschaft sind empfehlenswert.

Tiger Eine starke Kombination, die zu Managerkarrieren oder militärischer Laufbahn befähigt.

Hase (Blume der Liebe) Betrachten Sie das Horoskop ganz genau, denn auf Grund negativer Aspekte können gesundheitliche Probleme auftreten. Es kann aber auch sein, dass dies auf einen Beruf in der Krankenpflege oder Kindererziehung hindeutet. Die Blume der Liebe verrät eine heimliche Romanze.

Drache Ein Glückshoroskop: Fortuna verheißt unerwartete finanzielle Gewinne. Allerdings sollte jegliche Neigung zum Glücksspiel unterdrückt werden.

Schlange Mentale und physische Stärken bilden eine Persönlichkeit mit unterschiedlichen Talenten, die für zwei verschiedene Berufsfelder geeignet ist. Eine kriminalistische Tätigkeit ist eine ernst zu nehmende Möglichkeit.

Pferd Die Betonung der Geschlechtszugehörigkeit weist auf eine in der Öffentlichkeit sehr umgängliche Person hin, die privat eher zurückhaltend ist. In der Begegnung mit Angehörigen des anderen Geschlechts verhält sie sich eher vorsichtig.

Schaf Eine unauffällige Persönlichkeit, die sich durch Ritterlichkeit und Urteilskraft auszeichnet und die sehr an den physischen und intellektuellen Aspekten menschlicher Tätigkeit interessiert ist.

Affe (Kurierpferd) Kontaktfreude und Offenheit des Pferds werden durch das wechselhafte Wesen des Affen gesteigert. Vermeiden Sie unnötige Risiken. Das Kurierpferd steht für Auswanderung oder große Entfernung zwischen Arbeitsplatz und Wohnort.

Hahn Ein aggressiver Zug kommt ins Spiel. Der Wunsch nach Popularität kann als Rücksichtslosigkeit missverstanden werden. Seien Sie vorsichtig bei der Beurteilung anderer Menschen.

Hund Loyalität, Pflicht- und Verantwortungsgefühl fügen sich gut in die bereits positive Disposition dieser beliebten Persönlichkeit ein. Freundschaften halten lange und sind offen und ehrlich.

Schwein Bewährte Maßstäbe sind wichtiger als die neuesten Trends. Seien Sie vorsichtiger und weniger leichtgläubig!

SCHAF

HAUS: *Sexualität*
ZWEIG: VIII / *Yin*
ELEMENT: *Erde*

*D*as alte Schriftzeichen für das achte Zeichen zeigte einen Pflug, der darauf hinweisen sollte, dass es auch nach überschrittener Mittagsstunde noch Zeit gäbe, das Tagwerk zu vollenden. Das gewählte Tiersymbol wurde ausgesucht, um im Horoskop den weiblichen Aspekt des Hauses der Sexualität zu repräsentieren. Weil Schafherden durchgehend weiblich sind, steht das Schaf für Yin, die weibliche Seite der Persönlichkeit und der Aktivität. Der Einfluss von Yin steht auch in Zusammenhang mit intellektuellen oder rezeptiven Fähigkeiten; außerdem steht Yin eher für die Künste und kaum für den Sport. Das chinesische Wort für „Schaf", das verwirrenderweise yang heißt, kann auch „Ziege" oder „Widder" bedeuten.

DIE PERSÖNLICHKEIT DES SCHAFES

Das Schaf steht für alles, was man gemeinhin mit weiblichen Interessen, fürsorglicher Haltung, Schönheit, Verführungskraft, Demut und vor allem mit Geduld verbindet. Dazu kommen Interesse an Literatur und Musik sowie an Gruppenaktivitäten. Im Haus repräsentiert das Schaf die gelungene familiäre Harmonie und alle Fertigkeiten, dieses Ziel zu erreichen, beispielsweise vorzügliches Kochen.

Obgleich das Schaf ein genuin weibliches Zeichen ist, erscheint es auch günstig, wenn es im Horoskop eines Mannes vorkommt oder in der Konstellation einer yang-betonten Frau. Konfuzius sagte, dass ein Mann, der sich in seinem Mut unbewaffnet einem Tiger stellte, nicht so nützlich wäre wie ein Mann, der es vorzöge, dem Tiger mit einer Waffe gegenüberzutreten. Daher sollte auch der martialischste aller Generäle ein Mindestmaß an „Yin-Qualität" besitzen, um seinen Auftrag erfolgreich ausführen zu können.

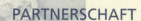

PARTNERSCHAFT

Wie Menschen, die im Jahr des Schafes geboren sind, mit den verschiedenen Tierzeichen auskommen.

Ratte Wiewohl die beiden verwandte Interessen pflegen, stimmen sie in ihrer Lebensphilosophie absolut nicht überein. Das Schaf wünscht sich nichts sehnlicher als einen verständigen Partner, mit dem es häusliche Angelegenheiten besprechen kann.

Ochse Der Ochse verhielte sich äußerst unklug, wenn er die Ansichten des Schafes als irrelevant oder unlogisch abtun würde. Schafft man es nicht, mit dem Schaf gut auszukommen, bleibt leicht Groll zurück. Das Schaf schaut vielleicht voller Respekt zum Ochsen auf, aber der will erst einmal verdient sein.

Tiger Der Tiger kann dem Schaf ein anregender, aber auch anstrengender Kamerad sein. Jedoch hat er einiges zu bieten, ist er doch ein verlässlicher Weggefährte, der Geborgenheit und finanzielle Sicherheit verspricht. Es kann aber auch sein, dass der Tiger angesichts seiner hohen Ideale vom

Schaf erwartet, dass es sich genauso streng danach richtet.

Hase Diesem Paar steht viel Freude ins Haus. Man hat gemeinsame Interessen und arbeitet erfolgreich für ein glückliches gemeinsames Leben. So eine Partnerschaft ist ideal, um viele Kinder großzuziehen. In einer zweiten Ehe, in die beide Partner ihre Kinder mitbringen, fühlen sich alle gut aufgehoben.

Drache Während das häusliche Leben eigentlich alle zufrieden stellt, können sich wegen der finanziell unberechenbaren Situation Irritationen ergeben. Man sollte unbedingt Rücklagen bilden. Auch würde das Schaf sich freuen, wenn der Drache-Partner etwas mehr helfen würde.

Schlange Trotz unterschiedlicher Lebensgestaltungen, die sich vielleicht durch die jeweilige Herkunft erklären lassen, lebt man glücklich zusammen. Wohlstand, ein gut gehendes Geschäft und häusliche Freude belegen das. Unterschiedliche Interessen können sie nicht daran hindern, sowohl die exklusiveren Dinge des Lebens als auch die alltäglichen Freuden zu genießen.

Pferd Ein gut organisierter Haushalt bietet eine gesicherte Umgebung, in der alles seinen Platz hat. Das betrifft auch die gesamte Lebensführung. Da ist kein Platz für unerklärliche Launen und Temperamentsschwankungen. Jedes Familienmitglied weiß genau, was man von ihm erwartet und welche Aufgaben ihm zugeteilt sind. Gleichzeitig kennt jeder aber auch die Belohnungen und Privilegien, mit denen es rechnen kann.

Schaf Diese Partnerschaft garantiert allseitige Zufriedenheit, ganz gleich, welche Hindernisse sich auftürmen mögen. Glück oder Unglück, alles wird angenommen. Das gemeinsame Glück wird von diesem Paar mit allem Einsatz kultiviert und geschätzt.

Affe In dieser pragmatisch orientierten Beziehung kommen beide Partner auf ihre Kosten. Da sie es verstehen, mit ihren Unterschieden und Eigenarten umzu-

gehen, gelingt es ihnen zusammenzubleiben; Diskussionen erübrigen sich. Eine heitere und lebhafte Gemeinschaft.

Hahn Anziehung zwischen Gegensätzen wirkt oft stimulierend. Die Partner verfolgen ein gemeinsames Ziel, nähern sich ihm aber auf unterschiedlichen Wegen. Privat kommen die beiden weitaus besser miteinander aus als geschäftlich, denn dort kommt es schnell zu Reibereien.

Hund Hin und wieder gibt es in dieser Beziehung Probleme, weil die Partner sich nicht über den Weg zum gemeinsamen Erfolg einigen können. Bevor einseitige Entscheidungen getroffen werden, sollte der Partner vollständig informiert werden – das hält die Partnerschaft im Lot.

Schwein Diese glückliche Partnerschaft ist für all jene erstrebenswert, die primär nach Liebe, Familie und einem Heim suchen. Geschäftliche Beziehungen sind eher erfolgreich, wenn die Ziele auch Heim und Familie berücksichtigen.

GÜNSTIGE UND UNGÜNSTIGE PHASEN

Wie es dem Schaf in den Phasen ergeht, die von verschiedenen Tierzeichen beherrscht werden.

Ratte Der Beginn einer längeren unproduktiven Phase. Sie sollten nur kurzfristige Unternehmungen in Angriff nehmen. Halten Sie den eingeschlagenen Kurs bei und beschäftigen Sie sich mit den kommenden Schritten.

Ochse Sie befinden sich mitten in einer schwierigen Periode. Halten Sie Ihre Mittel zusammen und versuchen Sie nicht, in neuen Bereichen tätig zu werden – Sie riskieren nur große Verluste. Warten Sie geduldig ab.

Tiger Das Ende einer unangenehmen Phase steht unmittelbar bevor. Jetzt können Sie wieder Pläne für die Zukunft schmieden. Nutzen Sie die Zeit und halten Sie Ihre finanziellen Mittel bereit.

Hase Die Bedingungen sind günstig; neue finanzielle Mittel und Unterstützung von außen sorgen für Schwung und Energie. Nutzen Sie die hervorragenden Bedingungen und ziehen Sie an einen anderen Ort, wechseln Sie den Beruf oder sorgen Sie für Verbesserungen im persönlichen Umfeld.

Drache Sie werden unerwartete Gewinne einfahren; aber rechnen Sie nicht auf Dauer damit. Ein chinesisches Sprichwort rät: „Warte nicht erst bis zur Dürrezeit, um einen Brunnen zu graben." Legen Sie Ihre Einnahmen gut an.

Schlange Jetzt sollten sich die ersten Gewinne aus einer dynamischen Lebensplanung einstellen. Ihr Privatleben hat eine unerwartete Wende erfahren; Sie sollten sich den gewandelten Umständen gewachsen zeigen. Im neuen Job müssen Startschwierigkeiten überwunden werden.

Pferd Sie müssen sich in einer anstrengenden Zeit bewähren; aber klagen Sie nicht, denn alles kommt Ihrem zukünftigen Erfolg zugute. Wer sich nach einem neuen Partner sehnt, kann sich jetzt nach ihm umschauen.

Schaf Von dieser äußerst günstige Periode werden Sie stark profitieren. Familiäre und berufliche Aussichten stehen gut, die finanzielle Lage wird sicherer. Wenn Sie einen Umzug erwägen, bietet der Osten sehr gute Chancen.

Affe Es ist viel in Bewegung, aber unterm Strich kommt wenig heraus. So unangenehm die Hindernisse sein mögen, sie sind nur vorübergehender Natur.

Hahn Diese aufregende Periode beschert Ihnen viele neue Erfahrungen. Sie müssen wohl Extraausgaben einplanen; aber die Resultate sind es wert.

Hund Die Familie rückt stärker in den Mittelpunkt. Vielleicht ist ein Umzug angebracht. Für Sie sieht es nicht so gut aus, aber andere Familienmitglieder haben bessere Aussichten. Denken Sie über Ihre Optionen nach.

Schwein Eine rundum glückliche Zeit liegt vor Ihnen. Wenn Sie Pläne haben und auf eine günstige Gelegenheit warten – jetzt ist sie da!

EINFLÜSSE DER TIERZEICHEN IM HOROSKOP

Wie die anderen Tierzeichen im Horoskop das Leben des Schafs beeinflussen.

Ratte (Blume der Liebe) Die Ratte sorgt für intellektuelle Schärfe. Weder Taten noch Versprechungen werden unbesehen hingenommen. Doch Grundsätze können schnell über Bord gehen, wenn die Liebe übermächtig wird: Dann sind Probleme nicht mehr weit.

Ochse Ausdauer und Zielstrebigkeit erweisen sich als zusätzliche Garanten des Erfolgs. Dennoch kann innere Unruhe entstehen, wenn es nicht gelingt, familiäre und berufliche Ansprüche auf einen Nenner zu bringen.

Tiger Der Tiger-Einfluss verstärkt bei einer an sich schon ruhigen Person die passive Haltung. Trotzdem kann es zu unberechenbaren Temperamentsausbrüchen kommen, die aber bei näherer Betrachtung gerechtfertigt scheinen.

Hase Liebevoller Umgang und Mitgefühl für Benachteiligte werden verstärkt. Die Liebe zu Kindern und Tieren könnte die Berufswahl beeinflussen.

Drache Bei einer relativ stabilen und gefestigten Persönlichkeit macht sich ein Hang zum Leichtsinn bemerkbar. Plötzliche Impulse können zu unberechenbaren Handlungen führen, die später bereut werden.

Schlange (Kurierpferd) Gut gemeintes Interesse an anderer Leute Angelegenheiten kann als neugierige Einmischung verstanden werden. Seien Sie zurückhaltend, denn Sie möchten sicher nicht aus unzutreffenden Gründen zum Umzug gezwungen sein.

Pferd Diese Persönlichkeit kann die gegensätzlichen Positionen in einer Diskussion verstehen und sich ausgewogen und verständnisvoll dazu äußern. Ihr Rat wird besonders in vertraulichen Angelegenheiten geschätzt.

Schaf Tief empfundene Verantwortung für Haus und Familie ist lobenswert, kann aber das Leben nicht ausfüllen. Suchen Sie weitere Wirkungsbereiche. Der Wunsch nach Horizonterweite-

rung kann durch unangebrachte Loyalität unterdrückt werden.

Affe Ein Schatz von Begabungen und Fähigkeiten bleibt ungehoben. Es wäre furchtbar schade, wenn große Ziele wegen mangelnder Unterstützung nicht realisiert werden könnten.

Hahn Hinter einer schlichten Fassade verbirgt sich ein außergewöhnliches künstlerisches Talent. Wird es gepflegt und gefördert, kann es im späteren Leben für überraschende Erfolge sorgen.

Hund Große geistige Unabhängigkeit und die Fähigkeit, mit Widrigkeiten fertig zu werden. Erscheinen die äußeren Umstände auch problematisch, ist Hilfe von außen doch nicht nötig.

Schwein Das innere Glück dieser Person strahlt ruhige Zuversicht aus, die von den Mitmenschen als tröstend und beruhigend empfunden wird. In unruhigen Zeiten suchen viele Menschen hier Halt und Sicherheit.

AFFE

Der ursprüngliche Zweig des neunten Zeichens bedeutete „sich strecken". Es stand für den späten Nachmittag, wenn die Menschen bis kurz vor Sonnenuntergang auf den Feldern arbeiteten. Vor der letzten Anstrengung pflegten sie noch einmal ihre Glieder zu strecken und zu dehnen. Jenes Zeichen bildete eine Tierhaut ab, die vom Gerber auf einem Gestell gestreckt wird. Der Begriff wurde in der Folge auf technische Fertigkeiten und die Ingenieurskunst übertragen – Fähigkeiten, die der normalen Vorstellung fast als übermenschlich erschienen. Die Bedeutung kann sich auf sämtliche Felder manueller Geschicklichkeit erstrecken. Der geschickte Affe mit seinen geschmeidigen Fingern erschien ideal, diese Fertigkeiten zu symbolisieren.

DIE PERSÖNLICHKEIT DES AFFEN

Wenn im Jahr des Affen geborene Menschen kein handwerkliches oder manuelles Geschick offenbaren, dann äußert sich ihre Gewandtheit auf verbaler und gedanklicher Ebene. Sie können sich hervorragend aus gefährlichen Situationen herausreden; zugleich laufen sie Gefahr, nur um eine überzeugende Geschichte noch eindrucksvoller zu gestalten, sich immer tiefer in das komplexe Gewebe ihrer Erfindungen zu verstricken.

Affe-Charaktere sind auch auf anderen Feldern höchst einfallsreich und gelangen geschickt zu einfachen, manchmal überraschenden Lösungen alltäglicher Probleme. Oft mangelt es ihnen allerdings am Durchhaltevermögen und sie schaffen es nicht, eine Idee konsequent bis zum Ende zu entwickeln. Doch mit einem verständigen Partner und durch Ermutigung und kompetente Anregung können Affe-Menschen äußerst erfolgreich werden.

HAUS: *Karriere*
ZWEIG: IX / *Yang*
ELEMENT: *Metall*

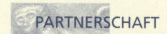

PARTNERSCHAFT

Wie Menschen, die im Jahr des Affen geboren sind, mit den verschiedenen Tierzeichen auskommen.

Ratte Diese beiden mögen unterschiedliche Wege einschlagen, aber das Ziel ist identisch. Sie haben ihre eigenen Methoden, um Probleme anzugehen, können aber auch erfolgreich zusammen agieren. Als Freunde haben sie viele Gemeinsamkeiten. In Liebesbeziehungen spielt die äußere Attraktivität eine wichtige Rolle. Geschäftlich bilden sie ein gutes Team.

Ochse Der Ochse blickt ein wenig kritisch auf die pausenlose Geschäftigkeit des Affen, die ihm etwas ziellos erscheint. Der Affe erwartet mehr Unterstützung. Zugleich bedauert er den mangelnden Enthusiasmus des Partners, dessen ausgleichender Charakter aber oft sehr angebracht ist.

Tiger Ein chinesisches Sprichwort drückt es so aus: „Dem schlafenden Tiger kann man leicht eine Glocke umhängen. Es ist aber lange nicht so einfach, sie ihm wieder abzunehmen, nachdem er aufgewacht ist." Diesen guten Rat sollten die beiden beherzigen.

Hase Es gibt schon genug Probleme im Leben – warum soll man sich noch zusätzliche aufhalsen? Beide haben mit ihren eigenen Sorgen zu tun; und beide brauchen jemanden, der Ordnung in ihr Leben bringt. Da es die beiden gemeinsam nicht schaffen, kommt Hilfe von außen äußerst gelegen.

Drache Zusammen entfachen diese lebhaften Charaktere ein Feuer, das sie kaum noch zu löschen vermögen. Sie haben einander viel zu bieten. Beide sind sich ihrer eigenen Anlagen wohl bewusst und lassen sich durch den anderen nicht über Gebühr beeindrucken, behandeln einander aber mit großem Respekt.

Schlange Hier fühlt sich die Affe-Persönlichkeit zuweilen zwischen Trivialem und Erhabenem hin- und hergerissen. Gute Ratschläge werden häufig in den Wind geschlagen, weil aufregendere Dinge locken. Es ist verheerend,

dann von anderen zu erwarten, dass sie die Dinge wieder ins Lot bringen.

Pferd Lebhaft, freundlich und mit viel beiderseitigem Humor findet dieses Paar viel Freude aneinander. Ihre Beziehung beruht auf Vertrauen und Bewunderung. Sie können keine weiten Reisen unternehmen und den Partner zurücklassen, denn sie würden ihn vermissen. Glück und Erfolg warten auf dieses Paar.

Schaf Oft entwickelt sich diese nahe Beziehung aus langer Freundschaft. Die Bewunderung fand zunächst nur von fern statt, sodass beide von der plötzlichen tieferen Anziehung überrascht wurden. Obwohl beide materiell abgesichert sind, verfolgen sie doch unterschiedliche Ziele.

Affe Eine sehr lebhafte Beziehung. Zwei Affe-Typen scheinen gar nicht so eng zusammenzugehören; in der Öffentlichkeit wird ihre Zuneigung kaum sichtbar, aber das wechselseitige Verständnis reicht tief. Sie leben hektisch, aber glücklich zusam-

men. Nicht jeder schätzt so einen aufregenden Lebensstil; ihre Freude ist indes unverfälscht.

Hahn Eine sehr angenehme Partnerschaft – ob kürzere Affäre oder lebenslange geschäftliche Beziehung. In keinem Fall ist es eine Beziehung im herkömmlichen Sinne. Diese beiden haben immer großen Erfolg, egal was sie in Angriff nehmen.

Hund Beide Partner können einander rückhaltlos vertrauen. Bei gleichen Vorstellungen können sie unabhängige Wege gehen, ohne die partnerschaftliche Unterstützung zu riskieren. Trotz gelegentlicher Unstimmigkeiten fühlt man sich verbunden. Vorübergehende Trennungen werden als schmerzhaft empfunden.

Schwein Vereinzelte Diskussionen drehen sich um die Aufgabenverteilung im Haushalt. Es empfiehlt sich festzustellen, was die Partner voneinander erwarten, und sich auf dieser Grundlage abzustimmen. Allerdings ist zu erwarten, dass die vereinbarten Pflichten nicht erfüllt werden.

GÜNSTIGE UND UNGÜNSTIGE PHASEN

Wie es dem Affen in den Phasen ergeht, die von verschiedenen Tierzeichen beherrscht werden.

Ratte Diese viel versprechende und kreative Periode kann der Affe gut nutzen, um sich neuen Lebenszielen zuzuwenden. Ob er beruflich vorankommen, die Finanzen verbessern, eine persönliche Beziehung stabilisieren oder den Wohnort wechseln möchte, der Zeitpunkt ist günstig wie nie.

Ochse Eine schwierige Phase liegt vor Ihnen, in der Sie die Probleme unverzüglich lösen müssen; tun Sie das nicht, werden sie Ihnen dauernd im Weg stehen und Ihren Aufstieg verhindern. Die Zeit ist absolut nicht für Berufs- oder Ortswechsel geeignet.

Tiger Am besten halten Sie sich von Auseinandersetzungen mit Autoritäten fern. Gehen sie keine geschäftlichen Risiken ein und achten Sie darauf, dass alle Papiere in Ordnung sind. Wenn Sie eine Vorladung von höherer Stelle erhalten, versuchen Sie den Termin hinauszuzögern.

Hase Sie sollten sich in dieser Stagnationsphase nicht überfordern. Es kann notwendig werden, Projekte wegen Krankheit in der Familie zu verschieben. Nutzen Sie die Zeit zur Regeneration, um für kommende Unternehmen gerüstet zu sein.

Drache Vor Ihnen liegt eine günstige Phase, in der Ihnen viele Erfolge ins Haus stehen. Die Umstände sehen auch für einen Neuanfang gut aus. Mit einem finanziellen Geschenk ist zu rechnen, das Sie wohl zurücklegen sollten. Zusätzliche Gewinne sind irgendwann aufgebraucht.

Schlange Hüten Sie sich, persönliche Details zu verraten. Die ungewollte Weitergabe von Geheimnissen kann viel Unheil anrichten. Lassen Sie sich auch nicht in anderer Leute Geheimnisse einweihen, denn was Sie dabei erfahren, ist unter Umständen nicht zu Ihrem Vorteil.

Pferd Eine Zeit stiller Zuversicht und innerer Befriedigung. Das Leben sollte wie am Schnürchen laufen. Es ergeben sich Treffen mit neuen Freunden und Ihr ansonsten ereignisloses gesellschaftliches Leben wird Ihnen die Bekanntschaft hochinteressanter Personen bescheren.

Schaf Nutzen Sie diese stille Phase zur Ausarbeitung neuer Pläne. Scheinbar geschieht nur sehr wenig; aber große Veränderungen stehen bevor, auf die Sie vorbereitet sein sollten. Schätzen Sie Ihre gegenwärtige Lage genau ein und überlegen Sie, was zu tun wäre, wenn Sie Ihre Aktivitäten plötzlich aufgeben müssten.

Affe Diese Zeit ist wie geschaffen, um ins Ausland zu reisen – besonders Nordosten und Südosten lohnen sich für Sie. Ob Sie dabei einem privaten oder geschäftlichen Anlass folgen – Sie werden sich wohl fühlen.

Hahn Sie können die Früchte Ihrer Mühen einfahren. So wie der Bauer nach der Feldarbeit den versprochenen Krug Wein erhält, gibt es für Sie die Belohnung – vielleicht finanziell, vielleicht auch weniger materiell – für vergangene Leistungen.

Hund Kümmern Sie sich um Ihre Wohnung. Werden dringende Dinge jetzt nicht erledigt, besteht die Gefahr, dass Sie sich ohne Vorwarnung ein neues Zuhause suchen müssen.

Schwein Sie sollten nichts Neues unternehmen, weder im privaten noch im geschäftlichen Bereich. Solche Veränderungen bringen wahrscheinlich nicht den versprochenen Lohn und können Ihnen zudem große Schwierigkeiten bereiten.

EINFLÜSSE DER TIERZEICHEN IM HOROSKOP

Wie die anderen Tierzeichen im Horoskop das Leben des Affen beeinflussen.

Ratte Günstig: Die Ratte verleiht Ihnen Brillanz und Einfallsreichtum. Eine erfolgreiche Karriere kann Kopf- und Handarbeit einschließen.

Ochse Der Ochse bringt Ruhe in eine sprunghafte Existenz. Es kann zu häufigen Ortswechseln kommen, aber der Affe wird sich immer nach zu Hause sehnen.

Tiger (Kurierpferd) Das Kurierpferd befindet sich in einer schwierigen Position. Es gibt gute Gründe, im Ausland zu arbeiten. Die familiären Bande können darunter stark leiden.

Hase Der Hase bringt Mitgefühl und Fürsorge für alle, die sich nicht selbst helfen können. Lehrer oder Tierarzt kommen als Beruf in Frage.

Drache Solche Personen besitzen Charisma und Talent und werden oft im Blickpunkt der Öffentlichkeit stehen. Ein extravaganter Lebensstil muss unter Kontrolle gehalten werden.

Schlange Besonnenheit verfeinert die Fähigkeiten des Affen. Mit solch einer Veranlagung lassen sich Menschen und Situationen noch besser analysieren – und geschäftlich wertvolle Informationen gewinnen.

Pferd Ein freundlicher Charakter. Er ist allseits beliebt; wenn da nicht gewisse Eigenschaften wären, die manchen nicht gefallen.

Schaf Das Familienleben ist sehr wichtig. Die meisten Anstrengungen des Affen sollen sicherstellen, dass es allen gut geht.

Affe Trotz ausgeprägten Selbstbewusstseins vernachlässigt er verschiedene Lebensbereiche. Ein großes Ziel kann ihn für dringendere Dinge blind machen.

Hahn (Blume der Liebe) Obwohl Ihnen auch eine einzige Beziehung reichen würde, sind Sie damit nie zufrieden. Es mangelt an Diskretion.

Hund Aller Aufwand ist auf eine höchst individuelle Wohnung gerichtet. Der Stil mag nicht sehr aufregend sein, aber Grundriss und Wände sind außergewöhnlich gestaltet.

Schwein Handwerkliche Fertigkeiten werden ausgebildet. Nutzen Sie sie für Herstellung und Vertrieb von Haushaltsartikeln, können Sie viel Geld verdienen.

HAHN

Das ursprünglich für das zehnte Zeichen ausgewählte Tier war das Huhn, weil Hühner zur zehnten Stunde des chinesischen Tagesablaufs, nämlich von 17 bis 19 Uhr, zum Schlafen in ihren Stall zurückkehren. Früher verbrachten die Menschen, nachdem sie gespeist und Wein getrunken hatten, den Abend mit unterschiedlichen Zerstreuungen. Heute ist es hauptsächlich das Fernsehen, damals wurde musiziert, gelesen oder gemalt. Dazu bedurfte es schon einer gewissen Begabung und deshalb symbolisiert der Hahn künstlerische Fähigkeiten, die in Unterhaltung und Freizeitvergnügen gebraucht werden, im Unterschied zu nützlichen Gerätschaften und funktionaler Ausstattung, die man gemeinhin mit dem Affen in Verbindung bringt.

DIE PERSÖNLICHKEIT DES HAHNES

Die persönlichen Attribute, die man dem Hahn zuschreibt, liegen auf künstlerischem Gebiet: Dazu gehören Musik, darstellende Kunst, Literatur sowie alles Weitere, was nicht unbedingt zum Leben benötigt wird, aber zu dessen Verschönerung beiträgt.

Das deutlich feminine Zeichen symbolisiert dennoch Stärke, die sich in charakterlicher Festigkeit und Entschlossenheit manifestiert. Der Hahn steht aber auch für die emotionale Natur des Menschen, für gesellschaftliches Engagement und für den Mut, die eigene Ansicht standhaft zu vertreten. Zu guter Letzt weist es auf Geschäftssinn hin, der erst durch Kennerschaft und Bildung in den schönen Künsten zu Wohlstand und finanzieller Sicherheit führt.

HAUS: *Karriere*
ZWEIG: X / *Yin*
ELEMENT: *Metall*

PARTNERSCHAFT

Wie Menschen, die im Jahr des Hahns geboren sind, mit den verschiedenen Tierzeichen auskommen.

Ratte Die beiden haben einander viel zu bieten, verfolgen jedoch unterschiedliche Ziele und setzen zum Teil die Prioritäten anders. Sie sind sehr glücklich miteinander, sollten sich aber eine Rückzugsmöglichkeit offen halten. Der Hahn kann den Eindruck gewinnen, dass die Ratte nicht genug gibt, während die Ratte den Hahn für zu anspruchsvoll hält.

Ochse Der Ochse ist einer der zwei Idealpartner für den Hahn. Allerdings sind Ochsen häufig recht unbeweglich, während der Hahn den Wechsel liebt. Wenn der Ochse sich erst einmal für die konstruktive Partnerschaft des Hahns entschieden hat, dann ist ihre Zusammengehörigkeit von Dauer.

Tiger Zwei willensstarke Individuen, die eigene Prioritäten setzen und diese nicht aufgeben möchten. Bevor sie sich zusammentun, sollten sie unbedingt Aufschluss über ihre Motive gewinnen.

Aufrichtigkeit spielt in jeder Partnerschaft eine wichtige Rolle.

Hase Die Verbindung dieses Paares ist nur lose geknüpft. Beide sind wahrscheinlich unterschiedlicher Herkunft. Obwohl sich unterschiedliche Meinungen und Ziele störend bemerkbar machen, kommt es zu keiner Klärung. Vielleicht können Kompromisse und gemeinsame Unternehmungen die Gefühle füreinander stärken.

Drache Hahn und Drache sind unberechenbar. Wenn sie überleben wollen, als Individuen oder gar als Paar, müssen sie unbedingt zu einer stabilen Grundlage finden. Sie sollten sich besonders vor finanzieller Unsicherheit hüten.

Schlange Die Schlange ist wohl die einzig wahre Partnerin des Hahns. Beide haben einen Blick für die schönen Dinge des Lebens. Sie haben zwar viele gemeinsame Interessen, aber auch genügend unterschiedliche Neigungen, sodass die beiderseitige Bewunderung nicht leidet. Ihre

zahlreichen Freunde halten sie zwar für unzertrennlich, aber beruflich haben sie gar nichts miteinander zu tun.

Pferd Zwei temperamentvolle Charaktere, die jeweils eigene große Freundeskreise besitzen. Die gegenseitige Bewunderung beruht vielleicht darauf, dass sie nicht zu viel von ihrer Persönlichkeit preisgeben. Die anfängliche Begeisterung füreinander kann schnell schwinden, wenn sie zu viel vom Partner erfahren.

Schaf Dieses Paar hat sich wahrscheinlich erst nach längerer Bekanntschaft gefunden. Die Rollen von Hausfrau und Geldverdiener können in dieser Beziehung umgekehrt verteilt sein.

Affe Wie die Pole eines Magneten fühlen sich die Partner zusammengehörig und möchten nicht auch im Beruf zusammen sein. Sie verfolgen gemeinsame Ziele, Unstimmigkeiten können sie schnell überwinden. Die Bereitschaft, den Partner in seinen Aktivitäten zu unterstützen, ist sehr groß.

Hahn Diese Kombination gehört zu den raren Fällen, in denen die Verdoppelung schwächend wirkt. Zwei Hähne haben zu große Ähnlichkeit, um harmonieren zu können. Sie sehen ihre Eigenarten im Partner zu deutlich abgebildet und das macht es quasi unmöglich, den anderen auf dessen Fehler hinzuweisen.

Hund Die beiden scheinen wegen ihrer übereinstimmenden Interessen gut zusammenzupassen; aber tief im Inneren haben sie unterschiedliche, schon seit langem verfolgte Lebensziele. Während ein Partner lieber zu Hause bleibt, um die gegenwärtige Lage weiter zu verbessern, strebt der andere in die Ferne. Denken Sie über die Zukunft nach.

Schwein Eine zufrieden stellende emotionale Beziehung und ein florierendes Unternehmen ermöglichen eine stabile Gemeinschaft, die alle Annehmlichkeiten eines behaglichen Heims bietet. Das Familienleben ist entspannt aber geregelt und so kann man in eine beneidenswert harmonische Zukunft schauen.

GÜNSTIGE UND UNGÜNSTIGE PHASEN

Wie es dem Hahn in den Phasen ergeht, die von verschiedenen Tierzeichen beherrscht werden.

Ratte Eine heikle Periode, in der es im Zusammenhang mit Zahlen zu Schwierigkeiten kommen kann. Die Probleme werden nicht von Dauer sein. Sie sollten keine neuen Projekte starten, es sei denn ganz kurzfristige.

Ochse Eine günstige Phase. Sie werden vielleicht umziehen. Sollte es nach Südosten gehen, umso besser. Neuen Ideen oder persönlichen Verpflichtungen können Sie wohlgemut nachgehen.

Tiger Zurzeit sollten Sie sich nicht mit Autoritätspersonen auf Diskussionen einlassen – das Resultat lohnt den Aufwand nicht. Beharren Sie nicht zu stark auf Ihrem Standpunkt, weil das Ihr Gegenüber wütend macht und Ihre Position weiter schwächt.

Hase Diese Periode sollten Sie dazu nutzen, Ihre Lage zu beurteilen und die Weichen für die Zukunft zu stellen. Beginnen Sie nichts Neues, weder geschäftlich noch privat; planen Sie auch keinen Umzug.

Drache Alles scheint reibungslos zu verlaufen. Dennoch besteht die Gefahr, dass Sie etwas Unvernünftiges tun. Nutzen Sie den gesunden Menschenverstand, statt törichten Einfällen zu folgen.

Schlange Wenn Sie Ihre finanziellen Mittel überlegt und konzentriert einsetzen, stehen Sie vor einer erfolgreichen Periode. Alle Verträge sollten in dieser günstigen Zeit zu Papier gebracht und unterzeichnet werden. In puncto Partnerschaft können Sie voller Zuversicht aktiv werden.

Pferd Es fällt Ihnen schwer, mit unbeweglichen Kollegen zusammenzuarbeiten. Versuchen Sie, geduldig mit ihnen zu sein. Die Probleme werden sich sowieso von selbst lösen.

Schaf Eine sehr produktive Phase. Die Dinge sollten sich ohne Eingriffe von außen entwickeln – lassen Sie ihnen ihren Lauf. Sie können Aufgaben delegieren und sich selbst Zeit zur Entspannung gönnen.

Affe Jegliche Verbesserung im persönlichen Bereich, also physisch oder mental, bringt den gewünschten Erfolg. Die Zeit ist geeignet, eigene Fertigkeiten weiterzuentwickeln und sich einen geheimen Wunsch zu erfüllen.

Hahn Obgleich Sie unter dem Einfluss Ihres eigenen Zeichens stehen, sprechen die Chinesen von einer „Attacke auf das Selbst". Es können Probleme auftauchen, die Sie daran hindern, ein Ziel zu erreichen. Ihre Gesundheit spielt eine wichtige Rolle; setzen Sie sich keinen Verletzungs- oder Ansteckungsrisiken aus.

Hund Eine Periode, in der Sie die häusliche Umgebung verschönern sollten. Von einem Umzug wird grundsätzlich abgeraten.

Schwein Diese Zeit eignet sich hervorragend für familiäre Angelegenheiten: Treffen und Feiern bereiten nicht nur Freude, durch überraschende Begegnungen winken berufliche oder finanzielle Verbesserungen.

EINFLÜSSE DER TIERZEICHEN IM HOROSKOP

Wie die anderen Tierzeichen im Horoskop das Leben des Hahns beeinflussen.

Ratte Die künstlerische Ader des Hahns erhält durch den Ratte-Aspekt einen weiteren kreativen Schub und die Fähigkeit, Pläne konzentriert und in allen Einzelheiten auszuarbeiten.

Ochse Ein beruhigender Einfluss, der einem ausgefallenen Lebensstil praktischen Sinn verleiht. Ihre Fähigkeit, die Dinge unermüdlich voranzutreiben und zum Erfolg zu bringen, wird von anderen Menschen bewundert.

Tiger Ein unverfrorener Stil gewinnt Ihnen vielleicht keine Freunde, aber er hilft Ihnen, an Ihr Lebensziel zu gelangen. Sie sollten dennoch darauf achten, auf die Sprossen der Karriereleiter zu treten und nicht auf die Köpfe Ihrer Kollegen.

Hase Die unterschiedlichen Eigenschaften dieser beiden Charaktere lassen sich für den Erfolg konstruktiv zusammenspannen, statt innere Konflikte zu verursachen. Teilen Sie Ihr Leben gut ein, sodass Sie ohne schädliche Nebenwirkungen in zwei Richtungen tätig werden können.

Drache Hüten Sie sich davor, Ihre Mittel zu verschwenden. Sie besitzen eine bemerkenswerte Intuition, die aber nicht immer zutrifft. Achten Sie darauf, die Schäden klein zu halten, sodass Sie keinen Ruin erleiden.

Schlange Ein analytischer Geist verleiht große intellektuelle Kraft. Mit solch einer Begabung sollte man in die Jurisprudenz oder Politik gehen. Es ist unvorstellbar, dass Ihre Talente verschleudert werden.

Pferd (Blume der Liebe) Persönliche Beziehungen werden zu belastend und unübersichtlich. Es kommt zur Interessenkollision zwischen stabiler Beziehung und der Neigung zu Abenteuern. Gehen Sie behutsam vor.

Schaf Etwas mehr Realismus und Weitblick tun Ihrer Persönlichkeit gut, sodass Sie deutlich zwischen dem Idealen und dem Praktischen unterscheiden können.

Affe Üppige Fantasie paart sich mit der Fähigkeit, Ideen erfolgreich in die Tat umzusetzen. Sehen Sie die Dinge nicht zu eng; erweitern Sie Ihren Horizont.

Hahn Der zusätzliche Hahn in Ihrem Horoskop ist ein Warnzeichen vor jeglicher Sucht (Alkohol, Medikamente oder Drogen); das alte Symbol für den zehnten Zweig war die Weinflasche. Halten Sie sich auch von Menschen fern, die zur Sucht neigen.

Hund Sie fühlen, dass das Leben eigentlich noch mehr zu bieten hat. Hin und wieder sind Sie unglücklich und enttäuscht über Ihre Richtungslosigkeit. Doch nur Sie allein können das ändern.

Schwein (Kurierpferd) Eine günstige Position für das Kurierpferd. Eine Fernreise kündigt sich an – ins dritte Jahrtausend. Sie können auch zwischen den Kontinenten pendeln.

HUND

G egen Ende des Tages kontrollieren kluge Hausherren, bevor sie sich zur Nachtruhe zurückziehen, ob Türen und Fenster verschlossen sind. Früher wurde ein Wachtposten am Tor aufgestellt. Das erklärt, warum das alte Schriftzeichen für die elfte Stunde eine Hand zeigt, die einen Speer hält. Das Tier, das jetzt im chinesischen Horoskop an elfter Stelle steht, ist der Hund. Er erinnert uns an die ursprünglich zugrunde liegende Bedeutung: Schutz und Verteidigung. Astrologisch betrachtet gehört das elfte Zeichen ins Haus des Häuslichen Lebens und da betrifft es besonders das Äußere des Hauses – den Schutz der Familie vor den Unbilden des Wetters. Darüber hinaus bezieht es sich auch auf die Instandhaltung des Hauses.

DIE PERSÖNLICHKEIT DES HUNDES

Es ist einfach festzustellen, dass die Attribute eines friedlichen Familienhundes Treue und Dienstbarkeit sind. Aber die ursprüngliche Bedeutung des elften Zeichens – eine Hand mit Speer – lässt erkennen, dass eher ein Wachhund wie der Deutsche Schäferhund gemeint ist und kein Pudel oder Chihuahua! Treue heißt nicht Schwäche oder Mangel an Mut, sondern weist auf Zuverlässigkeit hin, auf Verantwortungsgefühl für die anvertrauten Menschen. Im Extremfall kann sich das auch in Eifersucht äußern. Die sichtbaren Eigenschaften des Hund-Charakters sind Freundlichkeit gegenüber bekannten und vertrauenswürdigen Personen, Gastfreundschaft, Unerschrockenheit in gefährlichen Lagen und Hingabe an den erwählten Beruf.

HAUS: *Häusliches Leben*

ZWEIG: XI / *Yang*

ELEMENT: *Erde*

PARTNERSCHAFT

Wie Menschen, die im Jahr des Hundes geboren sind, mit den verschiedenen Tierzeichen auskommen.

Ratte Sicher kommt es zwischen Charakteren, die auf ihren eigenen Methoden bestehen, zu Reibereien. Während der Hund die bewährten traditionellen Mittel bevorzugt, möchte die Ratte neue Wege gehen. Aber beide sind zu vernünftig, als dass sie sich dadurch entzweien ließen.

Ochse Erst auf Dauer wird sich zeigen, ob diese zwei wirklich zusammenpassen. Beide sind der Ansicht, dass der andere zu altmodisch ist, um Gelegenheiten zu nutzen, die das Leben verbessern. Außenstehende wundern sich, warum solche Auseinandersetzungen so ernst genommen werden.

Tiger Beide haben viele Gemeinsamkeiten, selbst wenn sie aus unterschiedlichen Schichten kommen. Sie können harmonisch zusammenarbeiten und ihre Ziele erreichen. Sie dürfen sich auf ein langes, reiches Leben freuen.

Hase Wenn beide erst einmal gemeinsam Verantwortung übernommen haben, gibt es in einer solchen Beziehung mehr als nur körperliche Anziehung, die sie anfänglich zueinander geführt hat. Diese Partnerschaft zusammenzuhalten erfordert große Anstrengungen.

Drache Um das Vertrauen zu wahren, darf man keinen Anlass zum Misstrauen liefern. Auf gesellschaftlicher wie finanzieller Ebene sollte es zwischen den Partnern keine Geheimnisse geben. Sosehr der Hund dem Drachen vertrauen möchte, zuweilen sind Zweifel angebracht.

Schlange Diese beiden gehen wahrscheinlich ihre eigenen Wege. Gelegentlich erinnern sie sich des Partners und sind glücklich, dass er da ist, wenn es nötig ist. Sie tragen ihre gegenseitige Zuneigung vielleicht nicht öffentlich zur Schau, aber das heißt nicht, dass sie füreinander keine tiefen Gefühle empfänden.

Pferd Energie im Überfluss: Die beiden passen ideal zusammen und genießen das Zusammensein in vollen Zügen. Sie besitzen einen beneidenswerten Ruf als lebenslustiges Paar. Sie sind beliebt und verbreiten Frohsinn, wo immer sie hingehen.

Schaf Dieses Paar muss lernen, sich vor den Stürmen des Lebens zu schützen. Es gibt Zeiten, in denen man nicht alles haben kann; man sollte zwischen den unbedingt nötigen und den entbehrlichen Dingen unterscheiden lernen. Überzogene Erwartungen führen zwangsläufig zu Enttäuschungen. Die Partner sollten sich in schlechten Zeiten mehr umeinander kümmern.

Affe Ein lebhaftes Gespann, in dem beide die Nähe des anderen genießen. Jeder wird gut mit seinem Leben fertig, aber beide freuen sich über die Anteilnahme des Partners an ihren Erfolgen. Vorübergehende Trennung belastet sie nicht weiter; dennoch sind sie überglücklich, wenn sie wieder zusammenkommen.

Hahn Nach einer alten chinesischen Lebensweisheit ist dies eine schwierige Beziehung. Sie haben unterschiedliche Ansichten und Lebenserwartungen; da können sie nur schwer zusammenleben und sich eine gemeinsame Zukunft aufbauen. Selbst bei so trivialen Fragen wie der Wohnungseinrichtung kann man sich kaum einigen. Dennoch könnte die Partnerschaft alle Mühen wert sein.

Hund Ein glückliches Familienleben und enges Zusammengehörigkeitsgefühl garantieren eine stabile Partnerschaft. Die beiden überstürzen nichts und gelangen in aller Geduld zu Wohlstand und Komfort. Sie haben ein so enges Verhältnis, dass es scheint, der eine könnte des anderen Gedanken lesen.

Schwein Sie gehören zusammen wie die beiden Seiten einer Münze. Da sie dem Haus der Häuslichkeit zugeordnet sind, könnten sie eine starke Beziehung entwickeln. Aber im Verborgenen existieren Unterschiede, die zu Zusammenstößen führen können. Je offener sie miteinander umgehen, umso besser.

GÜNSTIGE UND UNGÜNSTIGE PHASEN

Wie es dem Hund in den Phasen ergeht, die von den verschiedenen Tierzeichen beherrscht werden.

Ratte Eine Wachstums- und Entwicklungsperiode, die zu einer deutlich besseren Finanzlage führt. Nutzen Sie diese Phase, um Ihre Geldanlagen neu zu ordnen und auch von neuen Chancen profitieren zu können.

Ochse Hindernisse sind nicht von Dauer, können Ihre Pläne dennoch spürbar aufhalten. In vielen Fällen wäre es besser, die gegenwärtige Position zu halten, statt sich neu zu orientieren. Nutzen Sie die Zeit, um Ihre Finanzen zu konsolidieren.

Tiger Eine erfolgreiche Periode. Sie sollten schnell handeln. Die Aussichten sind hervorragend; für Veränderungen in Beruf, Privatleben oder Wohnort ist der Zeitpunkt günstig. Der Südosten bietet große Chancen.

Hase Es wäre unklug, sich größere Pläne vorzunehmen, weil die Gesundheitsprobleme eines Arbeitskollegen Schwierigkeiten bereiten könnten. Familiäre Pflichten können ebenfalls im Wege stehen; sie könnten sogar eine Absage in letzter Minute erfordern.

Drache Die Zeit eignet sich nicht für riskante Geschäfte, schon gar nicht für Investitionen. Durch Glücksspiel drohen hohe Verluste. Pläne, deren Erfolg von anderen abhängt, sollten mit höchster Vorsicht verfolgt werden, denn die Aussichten rechtfertigen die abgegebenen Versprechen nicht.

Schlange Ihre Pläne stoßen auf Widerstand, den Sie vielleicht gar nicht bemerken. Es empfiehlt sich, zu warten, bis Sie die Risiken besser abschätzen können.

Pferd Sie können Ihre Pläne voller Zuversicht verwirklichen. Vielleicht beginnen Sie eine neue Arbeit oder eine neue Liebesbeziehung. In sozialer Funktion sind Sie sehr gefragt.

Schaf Konzentrieren Sie sich besser auf weniger ehrgeizige Projekte. Die von Ihnen gesuchte Lösung liegt wahrscheinlich viel näher als vermutet. Schlagen Sie keinen Rat aus, nur weil Sie meinen, die Ratgeber zu gut zu kennen.

Affe Obwohl die Umstände äußerst günstig aussehen, sollten Sie sich von Ihrem Enthusiasmus nicht davontragen lassen. Die versprochenen Gewinne können sich als nicht so hilfreich wie versprochen erweisen.

Hahn Auf dem beruflichen Sektor und auch im privaten Bereich vermuten Sie einen Rivalen, der Sie am Erfolg hindert. Zunächst werden Sie niedergeschlagen sein, aber bald müssen Sie einsehen, dass Sie Ihre Ziele zu hoch gesteckt haben.

Hund Da dies Ihr eigenes Zeichen ist, können Sie in dieser Phase einen neuen Anfang machen – und voller Zuversicht ein gewagtes Unternehmen starten, selbst wenn Sie dazu noch einmal Ihre Lebensgrundsätze überdenken müssen. Der Süden käme für eine günstige Übersiedlung in Frage.

Schwein Eine angenehm ruhige Periode, in der Sie Familienangelegenheiten zu aller Zufriedenheit regeln können. Ein Umzug geht leichter über die Bühne als erwartet. Ein schon lange nagender familiärer Kummer lässt sich endlich auflösen; neue Bande werden geknüpft.

EINFLÜSSE DER TIERZEICHEN IM HOROSKOP

Wie die anderen Tierzeichen im Horoskop das Leben des Hundes beeinflussen.

Ratte Ein kreativer Geist wird wahrscheinlich von dem Wunsch gebremst, „ganz normal" zu erscheinen. Die Reiselust könnte auf Grund von Verpflichtungen keine Erfüllung finden.

Ochse Das Wohnen zur Miete oder Pacht macht keinen Spaß. Der Handel mit Immobilien und der Drang zur Vergrößerung spielen in Ihrem Leben eine wichtige Rolle.

Tiger Hier spricht die Stimme einer Autorität. Sie haben wahrscheinlich organisatorisches Talent und können sogar im Staatsdienst eine Rolle spielen.

Hase (Blume der Liebe) Flüchtige Bekanntschaften verursachen Unannehmlichkeiten und können gefährlich werden. Aber Sie können sich dem Kitzel einer verbotenen Affäre nicht entziehen. Treten Sie behutsam auf, nebenan wohnt ein Tiger.

Drache Seien Sie vorsichtig beim Geldausgeben. Versuchen Sie nicht, zu schnell reich zu werden. Sie müssen der Versuchung widerstehen, in unsolide Projekte zu investieren.

Schlange Oberflächlich betrachtet handelt es sich um einen herzlichen und vergnügten Durchschnittsmenschen. Aber hinter dieser Fassade verbirgt sich ein cleverer Manipulator, der viele interessante Geheimnisse hat.

Pferd Lebhaft und gesellig – diese Person wird häufig gebeten, gesellschaftliche Ereignisse zu organisieren. Eine Mitarbeit in einem Komitee ist möglich.

Schaf Hier zeigt sich jemand, der mit starker Hand die Schwachen beschützen kann. Zu große Zurückhaltung beim Einsatz für die Rechte anderer kann zuwei-

len Probleme verursachen.

Affe (Kurierpferd) Eine Vergnügungsreise und zusätzlicher Komfort warten auf Sie. Der vorübergehende Aufenthalt im Ausland kann permanent werden.

Hahn Fühlen Sie sich durch gut gemeinte Kritik nicht gekränkt. Sie besitzen große Begabungen. In dem Maße, wie diese sich entwickeln, erkennen Sie, dass frühere Bemühungen nicht so gut waren, wie Sie glaubten.

Hund Wenn Sie sich zu sehr mit Details beschäftigen, entgeht Ihnen der Gesamtzusammenhang. Treten Sie ein paar Schritte zurück und schätzen Sie Ihre Lage neu ein.

Schwein Häusliches und Berufliches sind gut aufeinander abgestimmt. Ihr Lieblingsberuf wäre einer, den Sie zu Hause ausüben könnten. Trennen Sie aber bei-

SCHWEIN

Das zwölfte Tierzeichen repräsentiert den Anbruch der Nacht. Die ursprüngliche Bedeutung ist verloren gegangen, obgleich man annimmt, dass früher ein Eber abgebildet war. Diesen mag man als Symbol für die letzte Stunde des Tages für geeignet gehalten haben, weil sein Grunzen an das Schnarchen einer glücklichen Familie erinnert. Die Sicherheit und Zufriedenheit in der Familie kommt auch in dem Schriftzeichen für „Haus" und „Familie" zum Ausdruck, das ein Schwein unter einem Dach darstellt. Wenn noch das Zeichen für „Mensch" hinzugefügt wird, ergibt sich das Schriftzeichen „Zimmerhandwerk"; zusammen mit dem Zeichen für „Frau" stellt diese Kombination die „Ehe" dar. Alle diese Aspekte und Eigenschaften sind in diesem Zeichen enthalten.

DIE PERSÖNLICHKEIT DES SCHWEINS

„Schweine" gehören zu den nettesten Menschen, denen man begegnen kann. Sie besitzen alle Gaben, die nötig sind, um Glück in ihr Heim zu bringen. Und sie zögern nicht, Freunde und Fremde dorthin einzuladen und ihr Glück mit ihnen zu teilen. Das kann ihnen aber auch zum Nachteil gereichen, weil sie in ihrer Sorge um das Wohlergehen anderer zu vertrauensselig sind. So laufen sie Gefahr, von gewissenlosen Schmarotzern betrogen und ausgenutzt zu werden.

Eifrig darauf bedacht, das Heim aufs bequemste und wohnlichste auszustatten, füllen sie die Vitrinen mit allerlei Dekorationsstücken und Kostbarkeiten, die sie vielleicht einmal benutzen und dann auf Nimmerwiedersehen wegräumen. Bei ihrem Bestreben, alles zu tun, um ein luxuriöses und stabiles Heim zu schaffen, erweisen sie sich auch als zuverlässige Arbeitskräfte, die keine Angst vor zusätzlichen Anstrengungen haben, wenn es die Umstände erfordern.

HAUS: *Häusliches Leben*

BRANCH: XII / *Yin*

ELEMENT: *Wasser*

PARTNERSCHAFT

Wie Menschen, die im Jahr des Schweins geboren sind, mit den verschiedenen Tierzeichen auskommen.

Ratte Obwohl diese beiden äußerlich zusammengehören, trennen sie doch viele unüberwindlich scheinende Dinge. Die Ratte ist ruhelos und möchte immer etwas unternehmen, während das Schwein mit der gegenwärtigen Situation zufrieden ist. Ein bisschen mehr Geben und Nehmen täte dieser Partnerschaft gut.

Ochse Ein gutes Verhältnis. Beide sind eifrig bemüht, das gemeinsame Heim zu verschönern. Der Ochse legt großen Wert auf genügend Platz für Nachwuchs. Bei geschäftlicher Zusammenarbeit würde dieses Paar wohl viel von zu Hause aus erledigen.

Tiger Ihre Ziele liegen nicht immer in der gleichen Richtung. Beruf und Heim sollten deutlich voneinander getrennt werden. Das hilft wahrscheinlich nicht, sie einander näher zu bringen, verhindert aber Spannungen und fruchtlose Diskussionen.

Hase Wenn zwei Menschen so weit übereinstimmende Interessen haben und so kameradschaftlich und herzlich zusammenleben, müssen Liebe und Glück einfach gedeihen. Der kluge Umgang mit Geld stellt sicher, dass sie ein komfortables Heim besitzen und für Notzeiten gerüstet sind.

Drache Das Schwein sollte sich nicht zu sehr von der Anziehungskraft des Drachen beeindrucken lassen. Seine Ziele gehen weit über die des Schweins hinaus; zudem mag er sich an dessen realistischen Einschätzungen stören. Geduld und Verständnis können sich dennoch lohnen.

Schlange Das Schwein leistet sein Bestes, der Schlange eine behagliche Umgebung zu schaffen; die Schlange tut alles, sich dankbar zu erweisen. Trotzdem ist die Übereinstimmung nie vollständig. Beide sollten mit der Beziehung zufrieden sein, wie sie ist, statt dauernd zu versuchen, sie zu verbessern.

Pferd Dieses Paar führt ein angenehmes Leben, beide verfolgen ihre Ziele und respektieren Entscheidungen des Partners. Es handelt sich wohl um eine Beziehung zweier begabter, intelligenter, finanziell unabhängiger Menschen, welche die Vorteile dieser Verbindung erkennen.

Schaf Eine der glücklichsten Beziehungen. Sie kann im häuslichen und familiären Bereich ebenso erfolgreich sein wie im wirtschaftlichen. Das Familienleben ist sehr erfreulich und die Kinder machen den Eltern in den mittleren Jahre Ehre.

Affe Außerhalb des Hauses sind sie sehr glücklich miteinander, denn beide lieben Spaß und fühlen sich in Gesellschaft wohl. Doch in wichtigen Haushaltsangelegenheiten können sich die Partner nicht einigen – was dem einen wichtig ist, erscheint dem anderen nebensächlich. Unstimmigkeiten sollten besser außer Haus geklärt werden.

Hahn Diese Partnerschaft enthält alle Zutaten für ein glückliches Zusammenleben. Gleichwohl sollten Geschäft und Freizeit strikt getrennt werden. Die Partner verfolgen zwar unterschiedliche Ziele, sind aber sehr am beruflichen Fortkommen des anderen interessiert. Ihr Erfolgsgeheimnis liegt in der ungezwungenen Weise, in der sie Trennung und Zusammensein organisieren.

Hund Zu Hause und bei der Arbeit ergänzen sich die beiden aufs glücklichste. Durch die konstante Nähe entgehen ihnen vielleicht Chancen, die jenseits ihres Horizonts liegen. Diese an sich sehr günstige Partnerschaft funktioniert noch besser, wenn eine dritte Person dazukommt, die ihnen die Augen für neue Möglichkeiten öffnet.

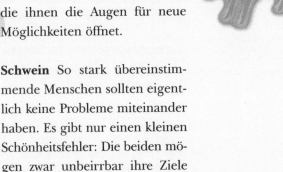

Schwein So stark übereinstimmende Menschen sollten eigentlich keine Probleme miteinander haben. Es gibt nur einen kleinen Schönheitsfehler: Die beiden mögen zwar unbeirrbar ihre Ziele anstreben, aber sie finden es nicht gut, dass der Partner den gleichen Weg dorthin nimmt. Um eine Treppenstufe zu wischen, braucht es schließlich auch nur eine Person.

GÜNSTIGE UND UNGÜNSTIGE PHASEN

Wie es dem Schwein in den Phasen ergeht, die von den verschiedenen Tierzeichen beherrscht werden.

Ratte Eine Periode voller Umwälzungen und Veränderungen steht bevor – ob gewollt oder nicht, spielt keine Rolle. Sie sollten sich jedenfalls flexibel auf die allernächste Zukunft vorbereiten. Umschichtungen in den Finanzen sind angebracht.

Ochse Eine stabile Periode, in der alles seinen vorhersehbaren Weg geht. Pläne für Grundstückserwerb, Haus- oder Geschäfterweiterung werden positiv beschieden. Probleme, die sich außerhalb des Hauses ergeben, lassen sich leicht lösen.

Tiger Eine schwierige Periode, in der Sie mit Vorgesetzten oder Beamten in Konflikt geraten könnten. Wollen Sie etwas unternehmen, zu dem Sie eine amtliche Zustimmung benötigen, füllen Sie die Anträge peinlich genau aus.

Hase Eine äußerst günstige Periode, die eine inspirierende Atmosphäre mit sich bringt. Nutzen Sie die Zeit! Sie erhalten unerwartete Unterstützung, wenn Sie nur den Mut aufbringen, darum zu bitten.

Drache Die Chance bietet sich, einen alten Wunsch zu realisieren; ob Sie sie nutzen können, hängt davon ab, wie gut Sie auf das Unerwartete vorbereitet sind.

Schlange Normalerweise deutet ein Zeichen mit so starker Opposition auf Schwierigkeiten hin. Aber da „das Schwein die Schlange verschlingt", können Sie die Probleme durch beherzten Angriff überwinden.

Pferd Sie können zwischen den Ansprüchen von Familie und Beruf hin- und hergerissen sein. Männliche Familienangehörige beginnen Diskussionen, die sich aber mit Hilfe guter Bekannter beenden lassen.

Schaf Ein sehr einträgliches Jahr, in dem Sie sich auch selbst einmal etwas gönnen sollten. Ihr gesellschaftliches Leben wird aufblühen. Falls Sie eine neue Beziehung erhoffen, ist die Zeit jetzt günstig.

Affe Kleinere Irritationen verursachen vielleicht Rückschläge. Leute, denen Sie vertraut haben, unterstützen Sie nicht wie erwartet. Achten Sie beim Kauf von mechanischen Geräten auf mindestens ein Jahr Garantie.

Hahn Während zu Hause alles stabil ist, ergeben sich weitere, interessante Möglichkeiten. Ein unterhaltsamer Besucher bereichert Ihr Leben.

Hund Sie bekommen Unterstützung. Sie können Ihre Vorhaben durchführen und finden auch Zeit zur persönlichen Entwicklung. Endlich einmal haben Sie recht, alle die zu ignorieren, die Ihre Ansichten nicht teilen.

Schwein Hüten Sie sich davor, einen einzigen Aspekt Ihres Lebens zu sehr zu betonen. Es lohnt sich, überflüssiges Gepäck über Bord zu werfen und zu sehen, welche Kräfte frei werden.

EINFLÜSSE DER TIERZEICHEN IM HOROSKOP

Wie die anderen Tierzeichen im Horoskop das Leben des Schweins beeinflussen.

Ratte (Blume der Liebe) Die Redegewandtheit dieser Person bedeutet, dass sie eine gute Unterhalterin ist, aber nicht, dass sie gut zuhören kann. Der Wunsch, Meinungen vorzubringen, drückt sich wahrscheinlich im Briefschreiben oder in journalistischer Tätigkeit aus.

Ochse Raffgier kann zu Raummangel führen. Diese Person steht unter dem steten Zwang, eine größere Wohnung zu finden. Es scheint, als ob diese Suche nie enden wollte. Eine Arbeit als Immobilienmakler hilft vielleicht, den Traum von einem Leben im Schloss zu verwirklichen.

Tiger Berufliche Überlastung und familiäre Ansprüche stellen Ihre Geduld auf die Probe. Zum Glück können Sie mit verständnisvoller Autorität auftreten.

Hase Ihre guten Eigenschaften wirken sich noch stärker aus, aber die weniger guten – Naivität und Leichtgläubigkeit – ebenfalls. Es ist gut, wenn Sie sich um andere kümmern, aber noch besser, wenn sich die anderen auch um Sie kümmern.

Drache Die Chance, ein Vermögen zu übernehmen, erweist sich wahrscheinlich als illusorisch, desgleichen die Aussichten auf Gewinne aus früheren Glückstreffern. Seien Sie vorsichtig bei Spekulationen.

Schlange (Kurierpferd) Es ist schwierig, Freundlichkeit und Zynismus auf einen Nenner zu bringen. Aber es spricht eigentlich nur für Sie, wenn Sie erkennen, dass andere in Not sind, und dann ihre Großzügigkeit ausnützen.

Pferd Obgleich Sie gern an Ihrem Heimatort arbeiten, stört es Sie auch nicht, weite Reisen in bisher unbekannte Gebiete zu unternehmen. Diese Mobilität ist Ihr großer Vorteil.

Schaf Diese einfühlsame Person wird häufig um Rat und Trost gebeten. Trotz der damit verbundenen Störungen des Privatlebens fallen die Belohnungen reichlich aus.

Affe Es gibt Zeiten, da Ihre technischen Fertigkeiten gesucht sind. Achten Sie darauf, dass Sie den Wert Ihrer Leistungen genau kennen und Ihre Zeit korrekt entgolten wird. Sonst könnten Sie sich schnell ausgenutzt fühlen.

Hahn Diese Person umgibt eine exotische Aura. Unter einem traditionellen Äußeren verbirgt sich Waghalsigkeit, die überraschend hervortreten kann.

Hund Eine ausgewogene, autarke Person, die aber etwas weltabgewandt wirkt. Zu dem freundlichen Wesen gesellt sich eine diskrete Distanz im zwischenmenschlichen Bereich.

Schwein Es ist äußerst wichtig, so viel wie möglich von der Welt kennen zu lernen und Menschen aus allen Bereichen zu treffen. Hüten Sie sich, eine voreingenommene Position zu beziehen.

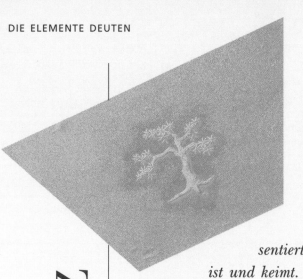

Das Element Holz regiert über die gesamte Pflanzenwelt. Dem Frühling zugeordnet, weist es auf neues Leben, Geburt und Fürsorge hin und ist deshalb das weiblichste und sanfteste aller Elemente. Yang-Holz steht für Stärke und Aufrichtigkeit; für das Setzen des Samens – den Moment der Empfängnis. Yin-Holz repräsentiert Entwicklung: den Samen, der schon gesät ist und keimt. Der Holz-Periode entspricht eine Zeit, um anderen zu helfen und mit Hilfe von Medikamenten zu heilen.

ERZEUGT	
FEUER	harmonisch
WIRD ERZEUGT VON	
WASSER	günstig
ZERSTÖRT	
ERDE	unharmonisch
WIRD ZERSTÖRT VON	
METALL	ungünstig

FEUER

HOLZ   ERDE

WASSER   METALL

HOLZ

TYPUS: *Yang-Holz*

QUALITÄT: *Bäume*

STAMM: 1 / *Jia*

TYPUS: *Yin-Holz*

QUALITY: *Gras*

STAMM: 2 / *Yi*

PERSÖNLICHKEIT

Bei Menschen mit dem Jahres-Element Holz zeigen sich schöpferische Gaben in vielfältiger Weise. Sie unterstützen alle, die weniger Glück haben als sie selbst. Als Pioniere drängen sie vorwärts – nicht um des Ruhmes und der Ehre willen, sondern um die Welt zu verbessern. Sie sind gute Führer und Manager, da ihnen die Zusammenarbeit mit anderen wichtiger ist als Regeln und Disziplin.

Der Typus Yang-Holz ist der kreativere; er ist ein großartiger Initiator, lässt aber gern andere die Arbeit vollenden. Auf der anderen Seite ist der Yin-Holz-Typus eher dazu befähigt, die Ideen anderer Leute zu realisieren. Zu Holz gehört Zorn als Emotion und solche Menschen neigen zu Wutausbrüchen, wenn sich genügend Frustration aufgestaut hat. Körperlich gesehen sind Holz-Typen groß und schlank, mit aufrechter Haltung.

WIE HOLZ GESTÄRKT WIRD

Um das Holz-Element zu stärken, sollten Sie mehr grünes und hellblaues Licht in Ihre Umgebung bringen. Senkrechte Streifen und schmale, hohe Dekorationen verstärken die Wirkung von Holz. Yang-Holz wird gefördert durch üppig gedeihende Pflanzen und die östliche Richtung. Yin-Holz wird angeregt durch Trockenpflanzen sowie Objekte aus Bambus oder Papier und die südöstliche Richtung. Ein passendes Getränk wäre Zitronensaft. Das Wasser-Element führt zu stärkerer Stimulation.

DIE GEWICHTUNG VON HOLZ IM HOROSKOP

0	1	2–3	4+
Ohne das kreative Holz-Element braucht diese Person Belehrung und Ordnung. Selbst mit Führung können solche Menschen eigensinnig und heikel sein; ohne Führung sind sie völlig chaotisch. Oft fehlt ihnen das Interesse an wichtigen Angelegenheiten; schlimmstenfalls versinken sie in lustlose Apathie. Es ist gut, das Holz- und Wasser-Element zu stärken (s. S. 74 unten rechts).	Das Vorhandensein des Holz-Elements deutet auf eine ausgewogene kreative Seite hin. Dieser Charakter ist hilfsbereit; das zeigt sich darin, dass er sich um das Wohl seiner Familie kümmert und anderen gefallen möchte. Diese Menschen sind immer auf der Suche nach neuen Ideen.	Die kreative Qualität ist stark betont; diese Menschen zeigen künstlerische Anlagen, die auf anregende Gesellschaft positiv reagieren. Die Ideen anderer können konstruktiv umgestaltet werden. Sie haben große Talente als Führer und Manager – ein löblicher Charakterzug.	Eine Überfülle von Holz macht die kreative Seite zu dominierend, was zu einem widerspenstigen Temperament führen könnte. Diese Menschen haben oft zu viele Ideen und fantastische Ambitionen ohne die Fähigkeit, ihre Pläne in die Tat umzusetzen. Der Einfluss von Holz kann vermindert werden, indem man das Feuer-Element in die Umgebung einbringt.

DIE ROLLE DER ANDEREN ELEMENTE

Pflanzen beziehen ihre Nahrung aus dem Boden. Für eine Person mit dem Tages- bzw. Schlüsselelement (Karte 6 im Chart) Holz ist Erde das Element, das Reichtum spendet: Yang-Erde für Yang-Holz, Yin-Erde für Yin-Holz. Gleiche Polarität weist hier auf Reichtum hin, der durch Glück bzw. unerwartete Ereignisse gewonnen wurde. Umgekehrt zeigt entgegengesetzte Polarität – Yang-Erde, wenn Ihr Schlüsselelement Yin-Holz ist; Yin-Erde wenn es Yang-Holz ist – Reichtum an, der durch harte Arbeit erworben wurde. Da der Reichtum in der Erde liegt, bedeutet das, dass für Holz-Menschen Land und Grundbesitz die Quellen eines angenehmen Lebens sind.

Da Metall Holz fällt, ist dies ein ungünstiges Zeichen im Horoskop, wenn die Polarität mit dem Schlüsselelement übereinstimmt. Andererseits kann es zu einem vorteilhaften Wandel führen, wenn die Pole verschieden sind (s. Tabelle unten).

WICHTIGE FAKTOREN IM HOROSKOP

SCHLÜSSEL-ELEMENT	UNERWARTETER REICHTUM	VERDIENTER REICHTUM	GLÜCK	UNGÜNSTIGES ZEICHEN	VORTEILHAFTER WANDEL
Yang Holz	*Yang Erde*	*Yin Erde*	*Yin Wasser*	*Yang Metall*	*Yin Metall*
Yin Holz	*Yin Erde*	*Yang Erde*	*Yang Wasser*	*Yin Metall*	*Yang Metall*

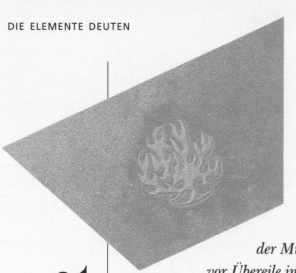

FEUER

TYPUS: *Yang-Feuer*
QUALITÄT: *Schmelzofen*
STAMM: *3 / Bing*

TYPUS: *Yin-Feuer*
QUALITÄT: *Kerze*
STAMM: *4 / Ding*

Feuer ist das Element des Sommers und des Südens. Es ist die Zeit, in der alles am üppigsten gedeiht, eine Zeit des Optimismus und der freudigen Erwartung. Yang-Feuer ist der Schmelzofen für Bronze, der Brennofen für Keramik und der Backofen fürs Brot. Yin-Feuer ist die Kerze, die das Dunkel erhellt, und die sanfte Wärme der Mutterbrust. Die chinesischen Klassiker warnen vor Übereile in der Feuer-Periode: Handlungen, die ohne die nötige Sorgfalt ausgeführt werden, können Epidemien und Trockenheit verursachen. Feuer hängt auch mit Herz und Blutkreislauf zusammen.

FEUER

HOLZ   ERDE

WASSER   METALL

ERZEUGT	
ERDE	*harmonisch*
WIRD ERZEUGT VON	
HOLZ	*günstig*
ZERSTÖRT	
METALL	*unharmonisch*
WIRD ZERSTÖRT VON	
WASSER	*ungünstig*

PERSÖNLICHKEIT

Feuer verleiht Intelligenz, die sich oft in scharfem Verstand und sprühendem Witz äußert. Menschen mit dem Jahres-Element Feuer können glühend und leidenschaftlich sein; sie umgeben sich gern mit Gleichgesinnten. Sie können andere inspirieren und sie erwarten, dass man nicht nur ihren Enthusiasmus teilt, sondern auch genauso zielbewusst im Streben nach Erfolg ist. Kompromisslos in ihren Anforderungen, können sie übersehen, dass andere Leute eigene Prioritäten haben.

Yang-Feuer-Menschen können sich recht aggressiv verhalten und psychischen Druck ausüben, um ihre Ziele zu erreichen. Yin-Feuer-Menschen sind wahrscheinlich beliebter, da sie viel Humor haben, der auch zur Entschärfung von Konflikten beiträgt. Körperlich gesehen sind Feuer-Typen kantig, mit scharfen Zügen und eiligem Schritt.

WIE FEUER GESTÄRKT WIRD

Das Feuer-Element wird gestärkt durch die Farbe Rot in allen Schattierungen. Weil Rot eine so vitale Farbe ist, genügt oft ein Fleck Zinnoberrot an einer unerwarteten Stelle, um das Feuer-Element zu anzuregen. Die mit Feuer assoziierte Form ist das Dreieck; Objekte von betont spitzer oder eckiger Form sind Träger der Feuer-Qualität. Herde und Öfen besitzen die Qualität von Yang-Feuer, Kerzen, sanfte Beleuchtung wie auch der Duft von Gewürznelken die von Yin-Feuer. Als Kuriosität sei erwähnt, dass Campari mit seinem bitteren Geschmack und seiner tiefroten Farbe das Feuer-Element ausgezeichnet repräsentiert. Die passende Richtung zur Förderung von Feuer ist der Süden.

DIE GEWICHTUNG VON FEUER IM HOROSKOP

0	1	2–3	4+
Ohne Feuer-Element im Chart zeigt die Person die Tendenz, im Familienverband zu bleiben. Wenn die Leute miteinander reden, fällt es ihr manchmal schwer, die tiefere Bedeutung zu erfassen, so als ob ihr der wesentliche Punkt entgangen wäre. Sie hat die Neigung, übertrieben ernsthaft und fromm zu sein. Mittel und Wege zur Stärkung des Feuer-Elements finden Sie auf S. 76 (unten rechts).	Ein harmonischer Anteil von Feuer im Horoskop weist auf einen vernünftigen Kopf hin. Wichtige Dinge werden mit Sensibilität und praktischem Verstand angegangen. In der Wirtschaft würde sich dieser Charakter zum Vermittler oder Reisenden eignen.	Eine starke Persönlichkeit mit ansteckendem Humor, der einen Kreis von empfänglichen Freunden anzieht. Diese Personen haben einen kraftvollen Humor, der aber nicht beleidigend ist. Sie verfügen über ein scharfes Auge für günstige Gelegenheiten, aus denen sich etwas machen lässt, selbst wenn das bedeutet, andere zur Bereitstellung der nötigen Mittel überreden zu müssen.	Mit so viel Feuer kann es bei diesem Typ allzu leicht dazu kommen, dass er ausbrennt. Ein ziemlich derber Humor wird vielleicht nicht überall geschätzt. Potentielle Probleme gibt es auch mit dem Kreislaufsystem. Die Wirkungen von zu viel Feuer lassen sich mildern, indem man das Erd-Element in die unmittelbare Umgebung einbringt. Man sollte jedoch nicht versuchen, Feuer mit Wasser zu löschen.

DIE ROLLE DER ANDEREN ELEMENTE

Wenn das Tages- bzw. Schlüsselelement (Karte 6 im Chart) Feuer ist, repräsentiert Metall für diese Person Reichtum. Feuer schmilzt Metall, ohne es zu zerstören. In Wirklichkeit wird Feuer dazu verwendet, das formlose Metall in etwas Wertvolleres umzuwandeln. Auf diese Weise hat die Feuer-Person Kontrolle über den Reichtum. Für eine Yang-Feuer-Person zeigt Yang-Metall im Horoskop plötzlichen Reichtum an, während Yin-Feuer verdienten Lohn für ein arbeitsames Leben verheißt.

Da Feuer von Wasser gelöscht wird, ist das Auftauchen des Wasser-Elements mit derselben Polarität nicht günstig, aber Wasser mit dem Gegenpol kann durch Reisen und das geschriebene Wort Nutzen bringen (s. Tabelle unten).

WICHTIGE FAKTOREN IM HOROSKOP

SCHLÜSSEL-ELEMENT	UNERWARTETER REICHTUM	VERDIENTER REICHTUM	GLÜCK	UNGÜNSTIGES ZEICHEN	VORTEILHAFTER WANDEL
Yang Feuer	*Yang Metall*	*Yin Metall*	*Yin Holz*	*Yang Wasser*	*Yin Wasser*
Yin Feuer	*Yin Metall*	*Yang Metall*	*Yang Holz*	*Yin Wasser*	*Yang Wasser*

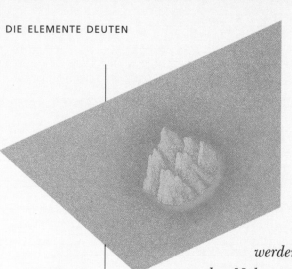

ERDE

TYPUS: *Yang-Erde*
QUALITÄT: *Stadtmauer*
STAMM: *5 / Wu*

TYPUS: *Yin-Erde*
QUALITÄT: *Gräben*
STAMM: *6 / Ji*

Das Erd-Element hängt mit dem Boden unter unseren Füßen zusammen. Zugleich fest und formbar ist es das Land, über das wir wandern, und der Boden, aus dem unsere Nahrung wächst. Die Farbe der Erde ist gelb, wie der Lössboden in Zentralchina. Das Symbol für Yang-Erde sind die Felsen, aus denen Stadtmauern gebaut werden. Yin-Erde repräsentiert den Erdboden, der den Nahrungsanbau ermöglicht. Die Erd-Periode umfasst die letzten Tage jeder Jahreszeit und besonders die Erntezeit. Gesundheitlich gesehen ist Erde mit der Verdauungsfunktion assoziiert, denn gute Gesundheit wird durch richtige Ernährung erhalten.

ERZEUGT	
METALL	
harmonisch	
WIRD ERZEUGT VON	
FEUER	
günstig	
ZERSTÖRT	
WASSER	
unharmonisch	
WIRD ZERSTÖRT VON	
HOLZ	
ungünstig	

FEUER

HOLZ — ERDE

WASSER — METALL

PERSÖNLICHKEIT

Die beständige Natur der Erde verleiht Menschen mit diesem Jahres-Element Attribute wie Traditionsverbundenheit, Stabilität und Zuverlässigkeit. Sie sind gute Arbeiter, die mit Beharrlichkeit und Zähigkeit die härtesten Aufgaben bewältigen. Sie können auch resolut und halsstarrig sein und es ist schwierig, sie in ihrer Entschlossenheit zu erschüttern.

Die Yang-Erde-Person hat vielleicht eher mit Land als Mittel zum Bauen zu tun, während es bei der Yin-Erde-Person mehr um die Landwirtschaft geht. Die der Erde zugehörige Emotion ist Nachdenklichkeit, die sich bei Erd-Typen in Phasen stiller Kontemplation äußert. Fremden gegenüber mögen sie zurückhaltend erscheinen, aber Geschwätz entspricht nicht ihrem Naturell. Körperlich gesehen ist der Erd-Typus breitschultrig und kräftig gebaut, mit starken Händen.

WIE ERDE GESTÄRKT WIRD

Gelb, Ocker, Steine, Ziegel und Backsteine gehören allesamt zum Erd-Element, ebenso wie flache und vier- oder rechteckige Formen. Orangensaft repräsentiert dieses Element sowohl in seiner Farbe als auch im Geschmack. Die Chinesen lieben Natursteine in fantastischen Formen. Größere Steine werden an einer passenden Stelle im Garten aufgestellt, die hoch geschätzten kleineren als Meditationsobjekte auf den Schreibtisch gelegt. Moderne Chinesen sammeln dagegen wie wir im Westen Halbedelsteine wie Amethyste oder Bergkristalle, aber in der alten Tradition bevorzugte man feinkörnige Steine von grotesker Form, um die Fantasie anzuregen.

DIE GEWICHTUNG VON ERDE IM HOROSKOP

0	1	2–4	5+
Wenn Erde im Horoskop fehlt, weist das auf einen Mangel an Engagement hin. Ohne diese praktische Eigenschaft wird die betreffende Person rastlos und hyperaktiv, mit der Tendenz, einer gegebenen Situation überdrüssig zu werden, bevor das Potential voll ausgeschöpft ist. Um dieses Ungleichgewicht zu korrigieren, sollte man das Erd- und das Feuer-Element in die Umgebung einbringen, so wie auf S. 76 und 78 (unten rechts) erklärt.	Die Präsenz des Erd-Elements trägt dazu bei, die Persönlichkeit zu stabilisieren, aber weil die Erde die Mitte der vier Himmelsrichtungen bildet, muss sie fest und stark sein. Wenn Erde nur einmal vorhanden ist, ist sie stärker, wenn sie von Feuer unterstützt wird.	Beharrlichkeit und Zuverlässigkeit sind bemerkenswerte Züge dieses Charakters. Ein guter, zuverlässiger Arbeiter, der sich Respekt und Bewunderung verdient, nicht nur von Familie und Freunden, sondern auch von einflussreichen Leuten. Aber es ist wichtig, sich nicht ausnutzen zu lassen.	Wenn über die Hälfte des Horoskops vom Erd-Element besetzt ist, haben die anderen Kräfte kaum eine Chance, ihre Qualitäten einzubringen. Die einzige Gefahr ist eine Neigung zu Depressionen und ein Mangel an Enthusiasmus, den kleinen Kreis von Freunden und Familie zu verlassen. Wasser kann dazu beitragen, das Gewicht von Erde zu reduzieren, wie in geringerem Umfang auch Metall.

DIE ROLLE DER ANDEREN ELEMENTE

Es heißt, dass Feuer die Mutter von Erde ist, nicht so sehr, weil Feuer Asche zurücklässt, sondern weil gewaltige Vulkane riesige Massen von Lava und Felsbrocken ausstoßen. Feuer, die Mutter, bringt einer Person Glück, deren Tages- bzw. Schlüsselelement (Karte 6 im Chart) Erde ist, unter der Voraussetzung, dass ein Element Yang und das andere Yin ist. Erde allein könnte Pflanzen nicht zum Wachsen bringen und auch Ton kann ohne Wasser nicht geformt werden. So repräsentiert Wasser den Erfolg und Wohlstand von Erde.

Holz macht die Erde unfruchtbar; wenn also Holz im Horoskop einer Person mit dem Schlüsselelement Erde auftritt, ist das ungünstig, wenn die zwei Elemente beide Yang oder Yin sind. Ist das eine Yang und das andere Yin, deutet das auf gerechtes Urteilsvermögen hin.

WICHTIGE FAKTOREN IM HOROSKOP

SCHLÜSSEL-ELEMENT	UNERWARTETER REICHTUM	VERDIENTER REICHTUM	GLÜCK	UNGÜNSTIGES ZEICHEN	VORTEILHAFTER WANDEL
Yang Erde	Yang Wasser	Yin Wasser	Yin Feuer	Yang Holz	Yin Holz
Yin Erde	Yin Wasser	Yang Wasser	Yang Feuer	Yin Holz	Yang Holz

METALL

*Z*um Metall-Element gehören der Herbst, die untergehende Sonne, der Westen und Dinge, die mit Entspannung zu tun haben. Es bezieht sich auf den Gebrauch von Metall für Waffen und Erntegeräte. Die Erde schenkt uns sowohl hartes Erz (Yang-Metall) als auch weiches Gold aus sandigem Flusskies (Yin-Metall). Die Alten glaubten, dass die Erde während einer Metall-Periode nicht angegriffen werden sollte – z.B. durch das Ausheben von Gräben oder das Legen von Fundamenten. Im Gesundheitsbereich ist Metall günstig für chirurgische Eingriffe.

FEUER

HOZ   ERDE

WASSER   METALL

ERZEUGT
WASSER
harmonisch

WIRD ERZEUGT VON
ERDE
günstig

ZERSTÖRT
HOLZ
unharmonisch

WIRD ZERSTÖRT VON
FEUER
ungünstig

TYPUS: *Yang-Metall*
QUALITÄT: *Messer*
STAMM: *7 / Geng*

TYPE: *Yin-Metall*
QUALITÄT: *Haken*
STAMM: *8 / Xin*

PERSÖNLICHKEIT

Es gibt zwei charakteristische Typen von Menschen, deren Jahres-Element Metall ist: den aggressiven Computermenschen und den cleveren Geschäftsmann. Yang-Metall-Personen sind getrieben von dem Ehrgeiz, Erfolg zu haben und Rivalen um jeden Preis auszustechen. Der Yin-Metall-Typus ist mehr an den Früchten des Erfolgs und an ihrem Genuss interessiert. Beide wollen unbedingt an die Spitze gelangen, aber der Yang-Typ wird von Prinzipien, der Yin-Typ von der Aussicht auf Belohnung motiviert.

Die dem Metall zugeordnete Emotion ist Kummer. Trotz einer mutig erscheinenden Fassade besitzen Metall-Menschen große Sensibilität. Persönliche Schicksalsschläge treffen sie tief. Der Metall-Typus ist muskulös, mit runden Gesichtszügen und hohen, aber nicht eckigen Backenknochen; er zeigt eine Vorliebe für einen kurzen Haarschnitt.

WIE METALL GESTÄRKT WIRD

Herbst und Abend gehören beide zum Metall-Element, das sich in weißen und silbernen Farbtönen manifestiert. Die symbolische Form für Metall ist rund wie eine Münze; alle runden Formen wie Fenster und Bögen verweisen auf das Element Metall. Yang-Metall zeigt sich in Messern und scharfem Gerät; Yin-Metall in Schmuck und Juwelen. Die passende Richtung für Yang-Metall ist der Westen, für Yin-Metall der Nordwesten.

Metall steht in Verbindung mit Atmung und Nase. Deshalb gehören Parfums und Weihrauch zu Metall, aber ebenso eine mechanische Uhr, weil sie die Eigenschaft besitzt, dieses wohlstandsfördernde Element zu stärken.

DIE GEWICHTUNG VON METALL IM HOROSKOP

0	1	2–3	4+
Metall ist nötig, um dem Menschen Ehrgeiz und Selbstachtung zu verleihen. Denn sonst bräuchte er ständig Bestätigung und Ermutigung, um Erfolg zu haben. Es ist wichtig, Freundlichkeit und Sympathie mit Selbstachtung auszugleichen. Manchmal ist es wichtig, zur Abwechslung einmal sich selbst den Vorrang zu geben. Das Erd-Element ist notwendig, um dem Mangel an Metall entgegenzuwirken.	Wenn Metall in ausreichendem Maße im Horoskop präsent ist, ist sichergestellt, dass die Persönlichkeit im Hinblick auf Ehrgeiz und Selbstachtung ausgeglichen ist. In geschäftlichen Angelegenheiten ist der Metall-Typ schlau, aber gerecht. Es besteht eine Vorliebe für Sport und geselligen Zeitvertreib, ohne dabei fanatisch zu werden.	Die Aspekte des Metall-Elements zeigen sich deutlich im Charakter. Dies ist eine Person mit Ehrgeiz und Elan, zum Erfolg entschlossen, aber nicht so selbstbezogen, dass sie ihre Freunde vergisst. Sie hat eine starke geschäftliche Ader – solche Typen sind knallhart bei Verhandlungen. Unternehmungsgeist und Eifer sind Eigenschaften, die in späteren Jahren zu Wohlstand führen werden.	Mit so viel Metall im Horoskop, das alle anderen wichtigen Faktoren überdeckt, könnte diese Person allzu zielbewusst sein. Mit aggressivem Konkurrenzverhalten ist ihr wohl jedes Mittel recht, um ihr Ziel zu rechtfertigen. Das macht sie nicht gerade sympathisch. Im schlimmsten Fall führt der starke Metall-Einfluss zu weinerlichem Selbstmitleid. Metall lässt sich durch Wasser reduzieren.

DIE ROLLE DER ANDEREN ELEMENTE

Für Menschen, mit dem Tages- bzw. Schlüsselelement Metall ist Erde ein besonders günstiges Element. Dafür gibt es eine Anzahl von Gründen: Erde, die Mutter von Metall, ist unterstützend: Erde erzeugt Metall. Metall dient dazu, Bäume zu fällen, aber dadurch wird Holz in ein Objekt von größerem Nutzen umgeformt. Auf diese Weise dient Holz dem Metall und ist so im Horoskop die Quelle von Reichtum.

Feuer greift Metall an. Feuer mit der gleichen Polarität wie das Tages- bzw. Schlüsselelement ist gefährlich und weist auf eine Feuersbrunst hin. Aber Yin-Feuer, das zum Wärmen benutzt werden oder sanft wie Kerzenlicht sein kann, gilt als vorteilhaft, wenn das Tages-Element Yang-Metall ist, und kaum weniger günstig, wenn das Metall-Element selbst ebenfalls Yin ist.

WICHTIGE FAKTOREN IM HOROSKOP

SCHLÜSSEL-ELEMENT	UNERWARTETER REICHTUM	VERDIENTER REICHTUM	GLÜCK	UNGÜNSTIGES ZEICHEN	VORTEILHAFTER WANDEL
Yang Metall	Yang Holz	Yin Holz	Yin Erde	Yang Feuer	Yin Feuer
Yin Metall	Yin Holz	Yang Holz	Yang Erde	Yin Feuer	Yang Feuer

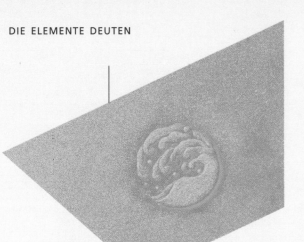

WASSER

水

TYPUS: *Yang-Wasser*

QUALITÄT: *fließend*

STAMM: 9 / *Ren*

TYPE: *Yin-Wasser*

QUALITÄT: *stehend*

STAMM: 10 / *Gui*

Das Element Wasser umfasst Wasser in all seinen Erscheinungsformen. Flüssigkeiten wie Öl und Alkohol sind zwar chemisch gesehen kein Wasser, gehören aber nach Ansicht der Alten ebenfalls zu diesem Element. Durch die Wirkung von Feuer wird aus Metall Wasser erzeugt. In den Klassikern wird die Hauptqualität von Wasser als reinigend bezeichnet und es hat zu allen Zeiten als Transportmedium gedient. Wasser symbolisiert deshalb das Medium für alle Formen von Kommunikation.

ERZEUGT
HOLZ
harmonisch

WIRD ERZEUGT VON
METALL
günstig

ZERSTÖRT
FEUER
unharmonisch

WIRD ZERSTÖRT VON
ERDE
ungünstig

FEUER

HOLZ · ERDE

WASSER · METALL

PERSÖNLICHKEIT

Für Menschen, deren Jahres-Element das Wasser ist, sind Kommunikation, Schreiben, Lernen und Reisen bedeutsam. Wasser-Typen eignen sich gut als Vermittler und werden wahrscheinlich von Berufen im Bereich der Öffentlichkeitsarbeit angezogen.

Der Yang-Wasser-Typus ist eher selbstmotiviert, mit einem Drang, sich mitzuteilen. Er ist gewandt und ein guter Redner, neigt aber zu innerer Kälte. Yin-Wasser-Menschen können mediale Fähigkeiten und tiefe Gefühle haben, die für Außenstehende kaum zu bemerken sind.

Wasser-Menschen reisen vielleicht gern, aber sie scheuen unnötige Risiken. Sie ziehen gut geplante Routen riskanten Unternehmungen vor. Körperlich gesehen bewegt sich die Wasser-Person auf elastische Weise, ist ein guter Tänzer und hat interessante asymmetrische Gesichtszüge.

WIE WASSER GESTÄRKT WIRD

Um das Element Wasser zu stärken, ist es nicht nötig, Brunnen, Fischteiche oder Goldfischgläser zu besitzen. Im Gartenklassiker heißt es, dass Steine und Felsen aufgestellt werden können, um den Eindruck von Wasser zu erwecken. Wasser kann auch durch die entsprechende Farbe angedeutet werden – im Allgemeinen dunkelblau oder schwarz. Diese braucht nicht düster zu sein; es reicht, einen Fleck Marineblau auf hellem Hintergrund anzubringen. Unregelmäßige Formen und Wellenmuster gehören zu Wasser, z.B. als Muster auf Textilien und Accessoires. Das Klingeln eines Glöckchens wird ebenfalls mit dem Element Wasser assoziiert.

DIE GEWICHTUNG VON WASSER IM HOROSKOP

0	1	2–3	4+
Ohne Wasser als Element der Kommunikation kann es schwierig sein, Gedanken auszudrücken. Solche Menschen neigen dazu, nur ein schwaches Gefühl für Gefahren zu haben, und ihr Leichtsinn wird oft mit Kühnheit verwechselt. So ist Metall im Horoskop vorteilhaft, um das Ungleichgewicht aufzufangen; sonst sollte man Wasser stärken, wie auf S. 82 rechts unten erklärt.	Einmaliges Auftreten von Wasser im Horoskop spricht für eine Person, die eher ein guter Fragesteller ist als jemand mit der Tendenz zu langatmigen Antworten. Diese Personen sind gute Kommunikatoren, die den Dialog knapp und klar halten.	Dies ist ein guter Wasser-Anteil in einem Horoskop, der ausreicht, um die kommunikativen Fertigkeiten bemerkenswert unterhaltsam zu machen. Anekdoten können mit Beredsamkeit erzählt werden. Es besteht eine Sehnsucht zu reisen und die Berufswahl wird wahrscheinlich von dem Wunsch beeinflusst, den Horizont zu erweitern.	Ein Übermaß an Wasser im Horoskop deutet das Verlangen an, frei von Verpflichtungen zu sein. Es gibt ungelöste persönliche Fragen und Zweifel, die zu Besorgnis und irrationalen Ängsten führen können. Die Konversation mag manchmal inkonsequent erscheinen und manchmal hochtrabend. Wasser sollte durch Holz in der Umgebung gemildert – oder durch Erde gezügelt werden.

DIE ROLLE DER ANDEREN ELEMENTE

Wasser wird benutzt, um Feuer zu kontrollieren, und ist daher das dominantere Element von den beiden. Wenn das Tages- bzw. Schlüsselelement im Horoskop Wasser ist, ist Feuer das Element, das auf Reichtum hinweist. Wenn beide Elemente die gleiche Polarität haben, wird der Reichtum aus einer Erbschaft oder einer anderen einzigen Quelle kommen. Wenn die beiden Elemente entgegengesetzt gepolt sind, zeigt das Belohnung für ein fleißiges Leben an.

Metall, das bekanntlich Wasser erzeugt, weist auf Zufriedenheit und Glück im Leben hin. Das Element Erde, das Wasser eindämmt oder verunreinigt, kann bei zwei Elementen mit gleichen Polen Gefahr durch Unfälle oder Zusammenstöße bedeuten, aber es verweist bei entgegengesetzter Polarität auf einen vorteilhaften Wandel.

WICHTIGE FAKTOREN IM HOROSKOP

SCHLÜSSEL-ELEMENT	UNERWARTETER REICHTUM	VERDIENTER REICHTUM	GLÜCK	UNGÜNSTIGES ZEICHEN	VORTEILHAFTER WANDEL
Yang Water	Yang Fire	Yin Fire	Yin Metal	Yang Earth	Yin Earth
Yin Water	Yin Fire	Yang Fire	Yang Metal	Yin Earth	Yang Earth

DIE DEKADEN DES LEBENSZYKLUS

Bei den Dekaden des Lebenszyklus handelt es sich vielleicht um den faszinierendsten Aspekt der chinesischen Astrologie, denn hinter dem Horoskop steckt doch mehr als das Aufdecken der Einflüsse, die den Charakter und die Persönlichkeit eines Menschen bestimmen. In Wirklichkeit ist das Chart der Ausgangspunkt, von dem aus sich die Gesamtheit unseres Lebens und Schicksals entschlüsseln lässt. Sobald Sie es zusammengestellt haben, können Sie damit anfangen, die Faktoren des Horoskops selbst – die vorhandenen Tierzeichen und Elemente – mit denjenigen zu vergleichen, die in verschiedenen Lebensphasen wirksam sind.

In der chinesischen Astrologie wird das Menschenleben in Zehnjahresabschnitte eingeteilt, die als Dekaden des Lebenszyklus bezeichnet werden. Die Dekaden werden mit Monaten gleichgesetzt. Da jedem Monat ein Tierzeichen und ein Element zugeordnet ist, kann man diese mit dem grundlegenden Horoskop der betreffenden Person vergleichen, um zu bestimmen, ob ein bestimmter Lebensabschnitt Erfolg oder Mühsal verheißt. Darüber hinaus lässt sich aus den Dekaden des Lebenszyklus erkennen, in welchem Lebensalter verschiedene Einflüsse förderlich sind oder nicht.

Mit diesem „Fahrplan" in der Hand können wir bestimmen, welche Richtungen auf unserer Lebensreise am günstigsten sind, wann wir mit Schwierigkeiten und Unruhe zu rechnen haben und wann der wirkungsvollste Zeitpunkt für wichtige Entscheidungen ist.

ANMERKUNG: *In traditionellen chinesischen Horoskopen werden die Dekaden des Lebenszyklus nebeneinander geschrieben. Doch für uns ist es leichter, sie untereinander aufzulisten.*

Die Dekaden des Lebenszyklus berechnen

Zuerst sollten Sie die vordere Innenklappe der Horoskop-Tafeln kopieren. Nehmen Sie einen Stift und folgen Sie den Anweisungen Schritt für Schritt. Dazu brauchen Sie auch das fertige Horoskop-Chart.

1 **Vorbereitende Schritte:** Füllen Sie die folgenden Punkte in der Liste aus:

a. den Namen der Person, Geburtsdatum und Geschlecht.

b. Sehen Sie im Chart nach, ob das Geburtsjahr Yang oder Yin ist (Karte 2).

c. Tragen Sie das Tierzeichen, das Element des Tierzeichens und das Element für den Geburtsmonat ein (Karten 3 und 4) – die Elemente jeweils mit Polarität Yin/Yang.

d. Ermitteln Sie das Element für den Tag der Geburt (Schlüsselelement) mit Polarität (Karte 6). Dieses spielt eine zentrale Rolle für die Deutung des Lebenszyklus.

2 **Aufsteigender oder absteigender Lebenszyklus:** Die Zählung des Lebenszyklus erfolgt entweder in nummerisch aufsteigender oder absteigender Folge (s. a. Schritt 4). Zunächst muss die Zählrichtung bestimmt werden – aufsteigend (vorwärts) oder absteigend (rückwärts). Dazu sollten Sie zuerst notieren, ob das Geburtsjahr Yang oder Yin ist, und dann, ob das Geschlecht der Person Yang (männlich) oder Yin (weiblich) ist. Wenn die Pole (Yang oder Yin) des Geburtsjahres und des Geschlechts übereinstimmen, wird aufsteigend gezählt. Wenn sie verschieden sind, wird absteigend gezählt. Vermerken Sie das in der Liste.

Merke: gleiche Pole = aufsteigend (vorwärts) zählen / verschiedene Pole = absteigend (rückwärts) zählen.

3 Die Dekade der Geburt bestimmen: Die Dekade der Geburt ist das Jahrzehnt, in dem die Person geboren wurde. Das Dekaden-Element und -Tierzeichen mit dem entsprechenden Element sind dieselben wie für den Geburtsmonat (Karten 3 und 4).

Tragen Sie die Angaben für die Geburtsdekade in Ihre Tabelle in die passenden Felder hinter „Geburt" ein.

Merke: Angaben für die Geburtsdekade sind identisch mit denjenigen des Geburtsmonats.

4 Die Zahlen für die Dekaden des Lebenszyklus bestimmen: Schlagen Sie nun die Tafel des Sechziger-Zyklus auf S. 5 in den Horoskop-Tafeln auf. Jede Kombination von Element und Tierzeichen hat eine zyklische Zahl – eine Ziffer von 1 bis 60. Finden Sie diese Zahl, die mit den Angaben zu Ihrer Geburtsdekade (bzw. zu Ihrem Geburtsmonat) übereinstimmt. Schreiben Sie diese Zahl in die Nr.-Spalte hinter „Geburt". Die Zahlen für die sukzessiven Dekaden ergeben sich aus dieser Zahl, in aufsteigender oder absteigender Folge (s. Punkt 2). Wenn die Bewegung vorwärts geht, vervollständigen Sie die Nr.-Spalte mit aufsteigenden Zahlen; wenn sie rückwärts verläuft, vervollständigen Sie die Nr.-Spalte mit absteigenden Zahlen. Vergessen Sie dabei nicht, dass die Zahlen einen Zyklus bilden: Wenn Sie also die 60 erreichen, zählen Sie mit 1, 2, 3 usw. weiter – oder umgekehrt bei rückläufigen Dekaden.

BEISPIEL: *Wenn die zyklische Zahl für die Geburtsdekade 57 ist und die Bewegung vorwärts geht, sollten Sie in der Spalte mit 58, 59, 60, 1, 2, 3, 4, 5 ... weitermachen. Ist die zyklische Zahl 4 und die Bewegung erfolgt rückwärts, sollten Sie*

in dieser Spalte mit 3, 2, 1, 60, 59, 58 ... weitermachen.

Merke: Zählung bei Vorwärtsbewegung – aufsteigend / Zählung bei Rückwärtsbewegung – absteigend.

5 Elemente und Tierzeichen hinzufügen: Nachdem Sie die Nr.-Spalte ausgefüllt haben, tragen Sie nun das Element jeder Dekade sowie deren Tierzeichen mit dessen eigenem Element ein (die Elemente jeweils mit ihrer Polarität Yin/Yang). Benutzen Sie dazu die Tafel mit dem Sechziger-Zyklus auf S. 5 in den Horoskop-Tafeln.

6 Das Alter, mit dem jede Dekade beginnt, berechnen: Jetzt müssen Sie das Lebensalter für den Beginn der einzelnen Dekaden des Lebenszyklus bestimmen. Zunächst wird eine Dekade mit einem Monat gleichgesetzt. Aber während eine Dekade 10 Jahre umfasst, hat ein (Sonnen-)Monat 30 Tage. Wenn also 30 Tage für 10 Lebensjahre stehen, entsprechen 3 Tage einem Jahr. Um die Anfangsdaten dieser Sonnen-Monate zu finden, schauen Sie in Tafel 2 auf S. 8 der Horoskop-Tafeln nach und lesen Sie auch die Anmerkungen dazu.

Der nächste Schritt hängt davon ab, ob die Bewegung vorwärts oder rückwärts geht.

a. aufsteigende Zählung:

Wenn aufsteigend gezählt wird, zählen Sie die Tage, die zwischen dem Geburtstag der Person und dem Beginn des nächsten Sonnen-Monats liegen.

BEISPIEL: *Wenn der Geburtstag auf den 20. Januar fällt und aufsteigend gezählt wird, zählen Sie die Tage vom 20. Januar bis zum 4. Februar (dem Beginn des nächsten Sonnen-Monats). Also: 21., 22., 23. Januar usw. bis 4. Februar = 15 Tage.*

b. absteigende Zählung:

Wenn absteigend gezählt wird, zählen Sie die Tage, die zwischen dem Geburtstag der Person und dem Beginn des entsprechenden Sonnen-Monats liegen.

BEISPIEL: *Wenn der Geburtstag auf den 2. März fällt, zählen Sie die Tage vom 2. März bis zum 4. Februar (Beginn des Sonnen-Monats, in den der Geburtstag fällt): 1. März, 28., 27., 26. Februar usw. bis 2., 3., 4. Februar = 26 Tage.*

ANMERKUNG: Beim Zählen wird der Geburtstag ignoriert, weil wir den Zeitraum berechnen, der zwischen den beiden Daten liegt. Der erste Tag des Sonnen-Monats wird jedoch mitgezählt. Vergessen Sie auch nicht zu notieren, ob das Geburtsjahr ein Schaltjahr ist oder nicht, denn das wirkt sich auf die Zählung der Tage im Februar aus.

c. Die erste Dekade berechnen:

Nun dividieren Sie die Zahl der verstrichenen Tage, die in den Schritten 6a bzw. 6b berechnet wurden, durch 3 und runden das Ergebnis auf die nächste ganze Zahl auf oder ab. Diese Zahl ergibt das Alter, mit dem die erste Dekade beginnt.

BEISPIEL (a): *15 Tage liegen zwischen dem Geburtstag und dem Anfang des nächsten Sonnen-Monats. 15 geteilt durch 3 = 5; also begann die erste Dekade im Alter von 5.*

BEISPIEL (b): *26 Tage liegen zwischen dem Geburtstag und dem Anfang des Sonnen-Monats. 26 geteilt durch 3 = 8,66; also begann die erste Dekade im Alter von 9.*

7 Die Dekaden des Lebenszyklus vollenden: Nun können Sie das Alter eintragen, mit dem jede Dekade beginnt, da sie in Zehnjahresintervallen anfangen. Wenn also die erste Dekade im Alter von 5 beginnt, fangen die anderen Dekaden mit 15, 25, 35 usw. an. Fügen Sie zusätzlich die Kalenderjahre hinzu, die dem Beginn der einzelnen Dekaden entsprechen.

BEISPIEL FÜR EINE LEBENSZYKLUS-TABELLE

*U*m Ihnen das Ausfüllen Ihrer Lebenszyklus-Tabelle zu erleichtern, wollen wir es im Folgenden am Beispiel von Prinzessin Diana zeigen (Beispieltabelle s. S. 90).

1 ▶ Name: Diana, *Prinzessin von Wales* • Geburtsdatum: *1. Juli 1961* • Geschlecht(Yang/Yin): *weiblich (Yin)* • Geburtsjahr (Yang/Yin): *Yin* • Monats-Element: *Yang-Holz* • Tierzeichen des Monats: *Pferd* • Tier-Element: *Yang-Feuer* • Schlüsselelement: *Yin-Holz*

2 ▶ Geburtsjahr = *Yin* • Geschlecht = *Yin* • Die Polarität ist gleich, also wird aufsteigend gezählt.

3 ▶ Die Daten für die Geburtsdekade sind dieselben wie die für den Geburtsmonat; daher ist das Element für die Geburtsdekade Yang-Holz, das Tierzeichen ist Pferd und das Tier-Element Yang-Feuer. Diese Daten werden in die Tabelle hinter Geburt eingetragen.

4 ▶ Aus der Tafel des Sechziger-Zyklus können wir ablesen, dass die zyklische Nummer, die Yang-Holz/Pferd entspricht die 31 ist. Also wird 31 in die Tabelle eingetragen, in das Feld unter Nr. hinter Geburt. In Schritt 2 hatten wir festgestellt, dass aufsteigend gezählt wird; deshalb wird die Nr.-Spalte mit aufsteigenden Zahlen vervollständigt.

5 ▶ Mit Hilfe der Tafel des Sechziger-Zyklus werden die Daten für jede Dekade hinter jeder zyklischen Zahl in die Tabelle eingetragen.

6 ▶ Da vorwärts gezählt werden soll, wird das Alter, das dem Beginn jeder Dekade entspricht, nach Schritt 6a berechnet. Geburtstag = 1. Juli • Beginn des nächsten Sonnen-Monats = 7. Juli • Zahl der dazwischen liegenden Tage = 6; 6 geteilt durch 3 = 2.

7 ▶ Nun wird das jeweilige Alter eingetragen, das dem Beginn der Dekaden entspricht: So beginnt die erste Dekade mit 2, die zweite mit 12, die dritte mit 22 usw. Wenn Sie damit fertig sind, fügen Sie in der zweiten Spalte die entsprechenden Jahreszahlen hinzu.

DIE TABELLE DER LEBENSZYKLEN DEUTEN

Die Deutung des Horoskops und der Lebenszyklus-Tabelle erfordert ein gewisses Maß an Intuition. Dies wird umso einfacher, je besser Sie mit den Relationen zwischen den verschiedenen beteiligten Faktoren vertraut sind. Die folgenden Hinweise sollen Ihnen bei der Bestimmung der Faktoren helfen, welche die fruchtbareren und die weniger günstigen Perioden im Leben eines Menschen anzeigen.

Das Schlüsselelement
Der wichtigste Faktor im Lebenszyklus ist das Tages-Element der Geburt – das Schlüsselelement. Jede Dekade hat in der Lebenszyklus-Tabelle zwei Elemente. Vergleichen Sie diese mit dem Schlüsselelement, um zu sehen, ob sie es günstig oder ungünstig beeinflussen. Um einen raschen Eindruck zu erhalten, schauen Sie in der Tabelle auf der jeweils ersten Seite der Elementbeschreibungen nach (S. 74-83). Genauere Angaben dazu finden Sie bei den Sequenzen der Elemente auf Seite 17.
• *Merke: Schlüsselelement = Element des Tages der Geburt*

Yang- oder Yin-Elemente
Es ist außerdem wichtig zu berücksichtigen, ob die Elemente Yang oder Yin sind. Nehmen wir z.B. an, das Schlüsselelement wäre Yang-Holz und die beiden Elemente für eine bestimmte Dekade wären Yang-Wasser und Yang-Metall (Tier-Element), während die für die folgende Dekade Yin-Wasser und Yin-Metall wären. Die Tabelle auf S. 75 unten zeigt nun, dass Yang-Metall schädlich für Yang-Holz ist, während Yin-Metall es fördert. Folglich wäre die zweite Dekade günstiger als die erste.
• *Merke: Immer beachten: Sind die Elemente Yang oder Yin?*

• *Hinweis: Die beiden Elemente für eine Dekade haben stets dieselbe Polarität – Yin oder Yang.*

Die frühere und die spätere 5-Jahres-Periode
Als allgemeine Regel gilt, dass das Dekaden-Element während der ersten fünf Jahre einer Dekade und das Tierzeichen-Element in den zweiten fünf Jahren stärker zum Tragen kommt.

Die beiden Elemente vergleichen
Die beiden Elemente jeder Dekade werden der Reihe nach mit dem Schlüsselelement verglichen. Aber sie sollten auch miteinander in Beziehung gesetzt werden. Wenn eines der beeinflussenden Elemente schädlich ist, kann sein ungünstiger Einfluss durch das andere neutralisiert werden.
• *Merke: Vergleichen Sie beide beeinflussenden Elemente einzeln als auch zusammen mit dem Schlüsselelement.*

Die Tierzeichen mit verschiedenen Jahren vergleichen
Sie können auch das Tierzeichen einer besonderen Dekade mit den Zeichen für die einzelnen Lebensjahre innerhalb dieser Dekade vergleichen (s. Tafel 1, S. 6, 7 in den Horoskop-Tafeln). Nehmen Sie z.B. an, die Dekade ginge von 1988 bis 1997 und ihr Tierzeichen wäre der Hase. Die Wirkungen dieser Dekade, wie aus den beeinflussenden Elementen zu entnehmen, würden daher in den mit dem Hasen harmonierenden Jahren (im Dreieck von Haus und Familie, s. S. 17) ihren Höhepunkt erreichen: 1987 (Hase), 1991 (Schaf) und 1995 (Schwein). Im Gegensatz dazu wäre die Wirkung 1993 (Hahn, das gegensätzliche Zeichen) schwächer.
• *Merke: Mit Hilfe des Dekaden-Tierzeichens können Sie herausfinden, wann die Wirkungen der beeinflussenden Elemente am stärksten und wann sie am schwächsten sind.*

ALLES ZUSAMMENFÜGEN

In den vorausgegangenen Abschnitten wurden die Grundlagen der chinesischen Astrologie erklärt. Die folgende Zusammenfassung soll Ihnen helfen, die Geheimnisse des chinesischen Horoskops zu entschlüsseln. Die Hinweise sollen Sie durch die verschiedenen Schritte bei der Erstellung eines Horoskops und der Analyse des Lebenszyklus führen und Ihnen zeigen, wie das zu deuten ist, was die Weisen in alter Zeit die Offenbarungen der Himmelsboten nannten. Notieren Sie die Angaben für jedes Chart, das Sie erstellt haben, indem Sie dazu eine Kopie des leeren Horoskop-Rasters auf S. 16 der Horoskop-Tafeln benutzen. Dies ermöglicht es Ihnen nicht nur, die Horoskopkarten wieder für weitere Charts zu verwenden, sondern auch bereits erstellte Horoskope miteinander zu vergleichen.

Zuerst sollten Sie das Chart zusammensetzen: Notieren Sie Geburtsdatum und -zeit der Person. Den Anweisungen auf S. 24-25 folgend, wählen Sie die acht Horoskopkarten aus, die jeweils den Stamm und den Zweig – Tier und Element – von Jahr, Monat, Tag und Stunde der Geburt darstellen. Legen Sie die siebeneckige Karte für das Geburtsjahr ins Zentrum und ordnen Sie die anderen sieben Karten um diese Karte herum an. Nun können Sie mit der Deutung beginnen (s. die folgenden Schritte).

Um Sie in die Geheimnisse der Deutung einzuführen, bringen die folgenden Seiten beispielhaft die Analysen der Horoskope von Prinzessin Diana und Albert Einstein, zwei Personen, deren Lebensläufe kaum gegensätzlicher sein könnten.

Praktische Schritte

1 Grundlegende Deutung: Zuerst vergleichen Sie das zentrale Tierzeichen mit den drei anderen Tierzeichen im Chart. Dabei ist es nützlich, sich vorzustellen, dass die Tierzeichen von 1 bis 12 auf dem Zifferblatt einer Uhr angeordnet sind. Diejenigen Zeichen, die vier „Stunden" auseinander liegen – z.B. Ratte, Drache, Affe –, bilden günstige Kombinationen (Paare bzw. Dreiecke), aber diejenigen, die drei oder sechs Stunden auseinander liegen – z.B. Ratte, Hase, Pferd, Hahn –, bilden ungünstige Kombinationen (Paare bzw. Kreuze). Weitere Angaben finden Sie in den Abschnitten über die Tierzeichen.

— GÜNSTIGE RELATIONEN

--- UNGÜNSTIGE RELATIONEN

SCHWEIN RATTE OCHSE
HUND TIGER
HAHN HASE
AFFE DRACHE
SCHAF PFERD SCHLANGE

2 Der innere Charakter: Die zentrale Tierkarte vermittelt Ihnen einen groben Eindruck von der „äußeren" Persönlichkeit eines Menschen, die zu diesem Zeichen gehört. Indem Sie die zentrale Karte mit den drei anderen Tierkarten im Chart in Beziehung setzen, können Sie den inneren Charakter der Person genauer beurteilen. Sie können die zentrale Karte auch mit derjenigen aus dem Horoskop einer anderen Person vergleichen, um abzuschätzen, wie gut beide zusammenpassen. Genauere Angaben zur Beurteilung von Partnerschaften finden Sie in den einzelnen Abschnitten über die Tierzeichen.

3 Aussichten für das kommende Jahr: Sie können die allgemeinen Aussichten für das kommende Jahr bewerten, indem Sie das Tierzeichen des entsprechenden Jahres mit dem Zeichen auf der zentralen Karte vergleichen. Auch hier geht es um die Relation zwischen den beiden Zeichen.

4 **Die Fünf Elemente gewichten:** Notieren Sie, wie viele Karten es von jedem Element gibt und ob die Elemente Yang oder Yin sind. Die Gewichtung der Elemente dient dazu, das Potential an Kreativität, Autorität, Beharrlichkeit, Ehrgeiz oder Kommunikation einzuschätzen. In den Tabellen am Rand dieser Seite und der folgenden Beispiele können Sie sehen, wie die Gewichtung der Elemente und ihre Beziehungen zueinander aufgezeichnet werden.

5 **Das Schlüsselelement mit den anderen Elementen vergleichen:** Das Schlüsselelement ist das Element für den Tag der Geburt. Dies ist die Karte an der Spitze des Charts (Kartenposition 6, s. Raster auf S. 16 der Horoskop-Tafeln). Wenn Sie das Schlüsselelement mit den anderen Elementen vergleichen, sollten Sie beachten, dass die Wirkungen der Elemente auch davon abhängen, ob sie Yang oder Yin sind. Vielleicht ist es für Sie hilfreich, eine Tabelle zusammenzustellen (wie am rechten Seitenrand), mit Detailangaben zum Schlüsselelement und den anderen Elementen im Chart. Dabei ist es nützlich zu notieren, ob das Schlüsselelement die einzelnen Elemente unterstützt oder von ihnen unterstützt wird (vgl. a. die Zyklen der Fünf Elemente auf S. 17).

6 **Wichtige Elemente suchen:** Sobald Sie festgestellt haben, welche Elemente unterstützend sind und welche nicht, können Sie diese Information zur Analyse des Lebenszyklus benutzen. So wissen wir, dass das Schlüsselelement für Prinzessin Diana Yin-Holz ist. Aus der Holz-Tabelle auf S. 75 unten sehen wir, dass Wasser

das Element ist, das Holz unterstützt und Glück bringt. Leider fehlt dieses Element in ihrem Horoskop. Reichtum ist dagegen genug vorhanden (in Form von 3 x Yin-Erde, vgl. Tabelle S. 75 unten).

7 **Zusätzliche Hinweise:** Wenn Sie die Tierzeichen betrachten, sollten Sie darauf achten, ob sie miteinander harmonieren oder nicht. Achten Sie auf spezielle Gruppen oder Muster wie die Vier Dreiecke oder die Drei Kreuze (s. S. 15; S. 88, Punkt 1 und Abb.). Notieren Sie, in welchem der Häuser sie sich befinden (S. 14). Wenn zwei Zeichen in Opposition stehen, notieren Sie das Haus – und damit den Lebensbereich –, das von dem entgegengesetzten Zeichen bedroht wird, und überprüfen Sie, ob das bedrohte Zeichen von einem „freundlichen Zeichen" unterstützt wird. Wenn z.B. der Hahn im Haus der Karriere vom Hasen bedroht wird, sollten Sie feststellen, ob er von anderen Tierzeichen im Chart unterstützt oder zusätzlich geschwächt wird.

8 **Die ursprünglichen Stamm-Zeichen:** Vergessen Sie auch nicht den historischen Hintergrund der Zehn Himmlischen Stämme. Es ist stets lohnend, in den einleitenden Abschnitten zu den Fünf Elementen nachzulesen, ob den klassischen Zeichen ein besonderer Sinn entnommen werden kann; beachten Sie dort auch die Angaben in den schwarzen Kästen am linken Seitenrand. So könnte z.B. Stamm 1 (Yang-Holz), der die Empfängnis darstellt, eine besondere Rolle im Horoskop einer bestimmten Person spielen. Stamm 10 (Yin-Wasser) hat sicher mystische Implikationen, die über die Bedeutung des reinen Elements hinausgehen. Außerdem weisen Stämme, die in einer Reihe aufeinander folgen, gewöhnlich auf beruflichen oder gesellschaftlichen Erfolg hin.

SCHLÜSSELELEMENT: *Yin Holz*

HOLZ	
Yang	Yin
1	2
Paar *gut*	Ebenbild *neutral*

FEUER	
Yang	Yin
1	–
Kind *wird gefördert*	Kind *wird gefördert*

ERDE	
Yang	Yin
–	3
wird zerstört *ungünstig*	wird zerstört *ungünstig*

METALL	
Yang	Yin
–	1
zerstört *ungünstig*	zerstört *ungünstig*

WASSER	
Yang	Yin
–	–
Mutter *fördert*	Mutter *fördert*

HOROSKOPBEISPIEL 1

NAME: Diana, Prinzessin von Wales
GEBURTSDATUM: 1. Juli 1961
GEBURTSZEIT: 6.45 Uhr
HOCHZEIT: 29. Juli 1981
SCHEIDUNG: 28. August 1996
GESTORBEN: 30. August 1997

2. Säule (*Monat*)
TIER: Pferd (Yang-Feuer)
ELEMENT: Yang-Holz

3. Säule (*Tag*)
TIER: Schaf (Yin-Erde)
ELEMENT: Yin-Holz

4. Säule (*Stunde*)
TIER: Hase (Yin-Holz)
ELEMENT: Yin-Erde

1. Säule (*Jahr*)
TIER: Ochse (Yin-Erde)
ELEMENT: Yin-Metall

DEKADE	JAHR	ALTER	NR.	DEKADEN-ELEMENT	TIERZEICHEN	TIER-ELEMENT	BEDEUTENDE JAHRE	TIERZEICHEN DES JAHRES
Geburt	1961	–	31	Yang-Holz	Pferd	Yang-Feuer	1961	Ochse
1	1963	2	32	Yin-Holz	Schaf	Yin-Erde	–	–
2	1973	12	33	Yang-Feuer	Affe	Yang-Metall	1981 Hochzeit	Hahn
3	1983	22	34	Yin-Feuer	Hahn	Yin-Metall	1992 Trennung	Affe
4	1993	32	35	Yang-Erde	Hund	Yang-Erde	1996 Scheidung	Ratte
							1997 Tod	Ochse

DIE TIERZEICHEN

Diana wurde 1961 im Jahr des Ochsen geboren. Diesem Faktor verdankte sie die prägenden Anlagen von Entschlossenheit und Eigensinn. Zu den anderen Tierzeichen in ihrem Horoskop gehören Hase und Schaf; der Hase offenbart ihre fürsorgliche Einstellung als Quelle der Inspiration für ihre Arbeit mit benachteiligten Menschen. Dieser Aspekt wurde durch das Schaf verstärkt, das in Bezug auf den Hasen unterstützend wirkt. Schaf ist oftmals ein Zeichen für musikalisches Talent, und obwohl Diana nicht Musikerin wurde, bewies sie ihre musikalische Gabe, als sie einmal öffentlich Klavier spielte und bei einer anderen Gelegenheit einen überraschenden Auftritt als Tänzerin hinlegte.

Ihre Ehe mit Charles hätte eigentlich glücklich werden sollen: Er war im Jahr der Ratte und sie im Jahr des Ochsen geboren und beide bilden die Yang-

und die Yin-Seiten des ersten Hauses der Kreativität. Ihr viertes Tier, das Pferd, steht jedoch der Ratte antagonistisch gegenüber, während der Ochse in ihrem eigenen Horoskop in direkter Opposition zur Partnerschaft von Schaf und Pferd steht.

1981 war für Diana bedeutsam – ein Jahr des Hahns, eines der besten Zeichen für den Ochsen. Diana stand im Zenit ihres Glücks, als sie die Märchenhochzeit mit Prinz Charles feierte. 1992, das Jahr des Affen, war dagegen das Jahr der Trennung. „Es gibt Anzeichen dafür, dass die Dinge sich in Ihre Richtung entwickeln könnten", heißt es in einem alten Text über die Geschicke des Ochsen in einem Affe-Jahr. Für Diana bedeutete dies, die Lasten der Ehe abzuwerfen. 1996, in einem für Charles günstigen Ratte-Jahr, wurden sie geschieden und in einem Ochse-Jahr fand Diana ihr tragisches Ende. Wie es in dem Text für Ochse-Menschen im Ochse-Jahr heißt: „Die Dinge können während des Ochse-Jahres zum Stillstand kommen." Für Diana war dieser Stillstand endgültig.

STAMM UND ELEMENTE

Dianas Horoskop enthält beinahe die „königliche" Reihe der ersten drei Stämme: Yang-Holz als Monats-Element und Yin-Holz als Schlüsselelement (sowie das Yang-Gegenstück, das Erfolg verspricht) sind die ersten beiden Stämme. Der dritte, Yang-Feuer, gehört zum Tierzeichen ihres Monats. Sie war auf dem Weg, Königin zu werden, konnte aber diese Reise nicht vollenden.

Yin-Holz, ihr Schlüsselelement, unterstreicht die Rolle, die sie bei ihrem Engagement für benachteiligte Kinder spielte. Die Tatsache, dass ihr Horoskop kein unterstützendes Wasser enthält, zeigt an, dass ihre Kindheit nicht rundum glücklich war. Aber Feuer, das „Kind" von Holz, ist präsent und das deutet an, dass sie nicht zögerte, ihren eigenen Kindern die Liebe zu geben, an der es in ihrer Kindheit gemangelt hatte.

Yin-Erde ist dreimal vertreten, was auf unerwarteten Reichtum hindeutet. Sie arbeitete zwar hart, aber ihre Popularität und ihr Einfluss waren letztlich auf ihre Heirat zurückzuführen.

DER LEBENSZYKLUS

Für Yin-Holz ist Yang-Metall das Zeichen für vorteilhaften Wandel. Dies erscheint als glückverheißendes Zeichen in Dianas Horoskop, als dominierendes Element in der zweiten Hälfte ihrer zweiten Dekade, als sie heiratete – eine dramatische positive Wendung. Doch als im letzten Jahr der dritten Dekade Metall von Yang nach Yin umschlug, trennte sie sich von Charles. Da hatte die Wirkung von Yin-Metall gerade begonnen. Dieser Angriff auf ihr Schlüsselelement leitete ihren Niedergang ein. Sie enttäuschte ihre Fans, als sie ihre Schirmherrschaft über einige wohltätige Einrichtungen aufgab. In den letzten Jahren ihres Lebens ließ sie sich auf leichtsinnige Weise mit Bewunderern ein, deren Karrieren sie infolgedessen ruinierte.

Die vierte Dekade brachte die Katastrophe. Die doppelte Erde, die ihr zu Wohlstand verholfen hatte, wurde zu gewichtig und brachte sie zu Fall. Zuerst kam es zur endgültigen Scheidung; ein Jahr später zum tragischen Ende. Yang-Wasser, das ein Symbol des Glücks gewesen wäre, fehlt ganz im Horoskop. Wäre sie 42 Jahre alt geworden, hätte ihr die nächste Dekade Wasser gebracht – das Glück, das ihr versagt blieb.

HOLZ	
Yang	Yin
1	2
FEUER	
Yang	Yin
1	–
ERDE	
Yang	Yin
–	3
METALL	
Yang	Yin
–	1
WASSER	
Yang	Yin
–	

HOROSKOPBEISPIEL 2

NAME: Albert Einstein
GEBURTSDATUM: 14. März 1879
GEBURTSZEIT: 11.30 Uhr
HOCHZEIT: 1903, 1919
GESTORBEN: 18. April 1955

3. Säule (*Tag*)
TIER: Affe (Yang-Metall)
ELEMENT: Yang-Feuer

4. Säule (*Stunde*)
TIER: Pferd (Yang-Feuer)
ELEMENT: Yang-Holz

1. Säule (*Jahr*)
TIER: Hase (Yin-Holz)
ELEMENT: Yin-Erde

2. Säule (*Monat*)
TIER: Hase (Yin-Holz)
ELEMENT: Yin-Feuer

DEKADE	JAHR	ALTER	NR.	DEKADEN-ELEMENT	TIERZEICHEN	TIER-ELEMENT
Geburt	1879	–	4	Yin-Feuer	Hase	Yin-Holz
1	1882	3	3	Yang-Feuer	Tiger	Yang-Holz
2	1892	13	2	Yin-Holz	Ochse	Yin-Erde
3	1902	23	1	Yang-Holz	Ratte	Yang-Wasser
4	1912	33	60	Yin-Wasser	Schwein	Yin-Wasser
5	1922	43	59	Yang-Wasser	Hund	Yang-Erde
6	1932	53	58	Yin-Metall	Hahn	Yin-Metall
7	1942	63	57	Yang-Metall	Affe	Yang-Metall
8	1952	73	56	Yin-Erde	Schaf	Yin-Erde

ANMERKUNG:
Da Einsteins Geburtstag vor dem Datum liegt, mit dem die Tafeln in diesem Set anfangen, haben wir in einem alten chinesischen Kalender nachgesehen.

DIE TIERZEICHEN

Einstein wurde in einem Hase-Jahr geboren – in Wirklichkeit gibt es zwei Hasen in seinem Horoskop. Man könnte meinen, dass ein Mensch seines Rangs in einem Jahr mit einem charismatischeren Tierzei-chen geboren sein müsste – wie Tiger oder Drache. Aber die Hasen zeigen Einstein als aktiven Pazifisten: Er gründete eine internationale Stiftung für Kriegsdienstverweigerer, verabscheu-te den Krieg und war sein Leben lang darum bemüht, in der Welt Harmonie zu stiften. Es war tragische Ironie, dass seine Überzeugungen ins Gegenteil verkehrt werden sollten: So blieb ihm 1933, als er mit tiefer Erschütterung die Entwicklung in Europa beobachtete, keine andere Wahl, als Präsident Roosevelt zu raten, dass Amerika die Atombombe entwickeln sollte, bevor es andere tun würden, und er beteiligte sich aktiv an diesem Vorhaben. Diese Entwicklung kulminierte im Jahr 1945, einem Jahr des Hahns – dem Zeichen, das dem Hasen direkt gegenübersteht. Ebenfalls in einem Jahr des Hahns war Einstein gezwungen, mit der Vergangenheit zu brechen und in die USA auszuwandern.

Das Pferd, das mit den zwei Hasen in Konflikt steht (diese beiden Zeichen sind auf der „Uhr" drei „Stunden" auseinander), steht für Einsteins inneren Konflikt – sein Streben, Frieden in die Welt zu bringen, mit der Tatsache zu vereinen, dass er einer der Erfinder der Atombombe war. Im Pferd-Jahr 1942 wurde die erste künstliche atomare Reaktion ausgelöst. Der Affe in Einsteins Horoskop sitzt im Haus der Karriere und repräsentiert die Quelle seiner technologischen Begabung.

Einstein heiratete zweimal – zum ersten Mal 1903, in einem Hase-Jahr. Obwohl diese Ehe glücklich war, zwang der Erste Weltkrieg das Paar zur Trennung; seine Frau konnte nicht nach Deutschland zurückkehren und sie ließen sich scheiden. Aber das Glück kehrte 1919 zurück, in einem für den Hasen günstigen Jahr des Schafs, als Einstein zum zweiten Mal heiratete. Ebenfalls in einem harmonischen Schaf-Jahr wurde die Richtigkeit seiner Theorien nachgewiesen, mit Hilfe eines genialen Experiments während einer totalen Sonnenfinsternis.

STÄMME UND ELEMENTE

Die Elementkombinationen in Einsteins Horoskop sind bemerkenswert. Die Stämme 1, 2 und 3 zeigen, dass Einstein zu größten Leistungen bestimmt war. Sein Schlüsselelement Yang-Feuer steht in Einklang mit seinem Gegenüber Yin-Feuer und auch das spricht für Erfolg. Die starke Unterstützung durch das kreative Mutter-Element Holz wird durch die Tatsache bestätigt, dass ihm seine Liebe zu Mathematik und Naturwissenschaft von seinen Eltern eingeflößt worden war. Wasser fehlt in seinem Horoskop, aber im Gegensatz zu Diana, bei der Wasser Glück bedeutet hätte, ist die Abwesenheit von Wasser hier nicht problematisch. Bei Einstein ist Glück in Form von Yin-Holz stark vertreten.

DER LEBENSZYKLUS

Die Elemente für die Geburtsdekade und die ersten beiden Dekaden stimmen in der Polarität mit den Elementen ihrer Tierzeichen (in der letzten Spalte) überein, während die Tierzeichen-Elemente auch wieder in Einsteins Horoskop auftauchen: Yin-Feuer und Yin-Holz, Yang-Feuer und Yang-Holz sowie Yin-Holz und Yin-Erde. Dies war eine stark prägende Periode, in welcher der junge Einstein es sich zu seinem Lebensziel machte, das Rätsel des Universums zu lösen – mit der „einheitlichen Feldtheorie". In den drei letzten Dekaden (6, 7, 8), nachdem Einstein seine berühmte „Weltformel" aufgestellt und den Nobelpreis erhalten hatte, zeigt sein Lebenszyklus eine ungewöhnliche Qualität: Stamm (= Dekaden-Element) und Zweig (= Tier-Element) bleiben in jeder Dekade gepaart – also „einheitlich" – bis an sein Lebensende.

HOLZ	
Yang	Yin
1	2
FEUER	
Yang	Yin
2	1
ERDE	
Yang	Yin
–	1
METALL	
Yang	Yin
1	–
WASSER	
Yang	Yin
–	–

TAGE ZUM ZU-SCHNEI-DEN VON KLEIDERN

Die meisten chinesischen Kalender geben an, welche Tage für welche Art von Tätigkeit geeignet sind. Diese Tage heißen Tage zum Zuschneiden von Kleidern, weil in dem klassischen Text, in dem sie erstmalig auftauchen, die beiden ersten Schriftzeichen „Kleider zuschneiden" bedeuten. Die ursprüngliche Absicht bestand darin, den chinesischen Kalender präziser zu machen, und die Verbindung dieser Tage mit alltäglichen Geschäften war im sozialen Leben fest verwurzelt. Als ein Kaiser im 19. Jahrhundert beschloss, diese Tage abzuschaffen, löste das fast eine Revolution aus – im Volk kam die Furcht auf, das Reich würde im Chaos versinken, wenn man nicht wüsste, was an bestimmten Tagen zu tun wäre. Diese Tage werden noch heute beachtet, aber nicht mehr so wörtlich genommen.

Wie die Scheibe zu benutzen ist

1 Schlagen Sie die hintere Innenklappe der Horoskop-Tafeln auf, schneiden Sie die Scheiben aus und setzen Sie sie nach den dortigen Anweisungen zusammen.

2 Suchen Sie das Tierzeichen für den betreffenden Tag in den Tafeln 3 und 4 der Horoskop-Tafeln. Wenn dieser Tag der 22. Oktober 2001 wäre, würden Sie feststellen, dass es sich um einen Pferd-Tag handelt.

3 Drehen Sie die innere Scheibe, bis das Tierzeichen des Tages unter dem Monat steht, in dem der betreffende Tag liegt (hier: 8. Okt – 6. Nov). Die Monatsdaten stehen am äußeren Rand der unteren Scheibe.

4 In dem kleinen Fenster auf der inneren Scheibe (dieses Fenster befindet sich in dem Sektor mit Ihrem Jahrestier) erscheint ein Buchstabe. Schauen Sie unter diesem Buchstaben in der nebenstehenden Liste mit den „Vorteilhaften Tätigkeiten" und „Zu vermeidenden Dingen" nach, um herauszufinden, welche Tätigkeiten an diesem Tag für Sie günstig oder ungünstig sind. Wenn Sie z.B. im Jahr des Hundes geboren sind, erhalten Sie den Buchstaben K für den 22. Oktober 2001: Vorteilhaft wären an diesem Tag die Herstellung von Dingen, kunsthandwerkliche Arbeiten, Hochzeiten und Reisen, während das Arrangieren von Beerdigungen vermieden werden sollte.

Die Scheibe auf Seite 95 ist nach dem Beispiel in den Schritten 1 bis 4 angelegt worden: für den 22. Oktober 2001, einen Pferd-Tag, und für jemand, der in einem Hund-Jahr geboren ist. Um die Scheibe zu Vorhersagen für mehr als eine Person zu benutzen, müssen Sie alle Fenster ausschneiden, da der entsprechende Buchstabe unterhalb des Jahres-Tiers dieser Person erscheint.

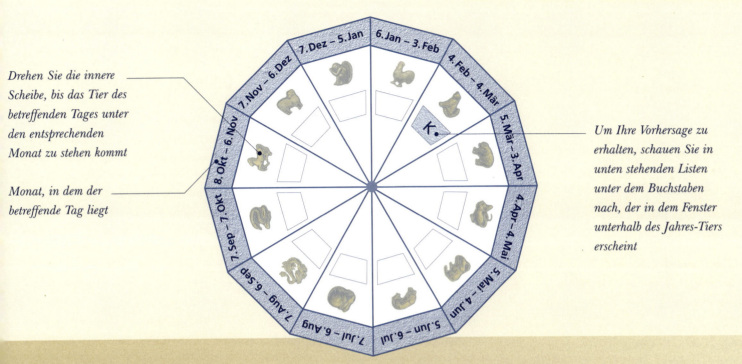

Drehen Sie die innere Scheibe, bis das Tier des betreffenden Tages unter den entsprechenden Monat zu stehen kommt

Monat, in dem der betreffende Tag liegt

Um Ihre Vorhersage zu erhalten, schauen Sie in unten stehenden Listen unter dem Buchstaben nach, der in dem Fenster unterhalb des Jahres-Tiers erscheint

Wheel months: 6. Jan – 3. Feb · 4. Feb – 4. Mär · 5. Mär – 3. Apr · 4. Apr – 4. Mai · 5. Mai – 4. Jun · 5. Jun – 6. Jul · 7. Jul – 6. Aug · 7. Aug – 6. Sep · 7. Sep – 7. Okt · 8. Okt – 6. Nov · 7. Nov – 6. Dez · 7. Dez – 5. Jan

VORTEILHAFTE TÄTIGKEITEN

- A *Kleider zuschneiden, Handel, Buchhaltung, Landreisen*
- B *reinigen, fegen, waschen, baden, schwimmen*
- C *heiraten, umziehen, reisen*
- D *heiraten, umziehen, dekorieren, meditieren*
- E *Gartenarbeit, Wassergräben reinigen, Hochzeiten*
- F *Gartenarbeit, Wassergräben reinigen, Hochzeiten*
- G *fischen gehen*
- H *Wein trinken und sich amüsieren*
- I *günstig für die meisten Vorhaben*
- J *Ersparnisse ausgeben, Handel treiben, sich verloben, Hochzeiten arrangieren*
- K *Handarbeit, Dinge herstellen, heiraten, reisen*
- L *Werbung machen, Briefe schreiben, erhebende Lektüre*

ZU VERMEIDENDE DINGE

- A *graben, Seereisen, Ersparnisse ausgeben*
- B *Hochzeiten, Reise, Brunnen graben*
- C *Gartenarbeit, Wasserversorgung*
- D *Gartenarbeit, Wasserversorgung*
- E *Anschuldigungen erheben oder Verdacht äußern*
- F *Umzug, Reise, Ersparnisse ausgeben*
- G *Arbeit*
- H *Geschäfte und Handel*
- I *negative Dinge über andere sagen*
- J *Beerdigungen, Reise oder Akupunktur*
- K *Beerdigungen arrangieren*
- L *Geschäftskunden empfangen*

LITERATURHINWEISE

Aubier, Cathérine:
Chinesische Tierkreiszeichen
München o. J.

Burkhardt, V. R.:
Chinese Creeds and Customs
Hongkong 1953

Delsol, Paula:
Chinesische Horoskope
Hamburg 1993

De Kermadec, Jean-Michel Huon de K.:
Lehrbuch der chinesischen Astrologie
München 2000

DeWoskin, Kenneth:
Doctors, Diviners and Magicians of Ancient China
New York 1983

Doré, Henri:
Chinese Customs
Singapore 1987

Kubny, M.: *Traditionelle chinesische Astrologie.
Bazi Suanming – Die Schicksalsberechung
nach den acht Zeichen,* Heidelberg 2000

Smith, Richard:
Chinese Almanacs
Hongkong 1992

Deutsche Titel von Derek Walters

Chinesische Astrologie
Wettswil CH (Astrodata) 1990

Das chinesische Liebeshoroskop
Bern 1999

*Das Feng-Shui-Praxisbuch. Sonderausgabe.
Besser wohnen, gesünder leben, erfolgreicher
arbeiten,* München 2001

Die fünf Schlüssel zum Glück
München 2000

*Das Mah-Jongg-Orakel, Set in Geschenkbox,
Wahrsagen mit chinesischer Weisheit*
München 2001

*Ming Shu, Kunst und Praxis der
chinesischen Astrologie*
Wettswil CH (Astrodata), 1987

Das zweite I-Ching
München 1989

ÜBER DEN AUTOR

DEREK WALTERS wurde in Manchester in England im Jahr der Feuer-Ratte geboren. Er ist ein international anerkannter Experte für chinesische Astrologie und einer der Pioniere des Feng-Shui im Westen. Seine wissenschaftlichen Leistungen fanden ebenfalls Anerkennung und sein Buch über die Geschichte der chinesischen Astrologie – *Chinese Astrology: Interpreting the Messages of the Celestial Messengers* – gilt als Standardwerk auf diesem Gebiet. Andere Werke zur traditionellen Kultur Chinas, zu denen auch das populäre *Feng-Shui-Praxisbuch* gehört, wurden in über zwanzig Sprachen übersetzt. Obwohl er sich inzwischen in Morecambe an der Irischen See niedergelassen hat, reist er noch häufig in den Fernen Osten und ist in China in verschiedenen Organisationen aktiv.

Auch wenn er sich offiziell zurückgezogen hat, hält er immer noch regelmäßig Vorträge in Deutschland und hat in letzter Zeit Kurse in Russland und der GUS ins Leben gerufen.

ÜBER DIE KÜNSTLERIN

HELEN JONES ist eine Illustratorin, deren Arbeiten in den USA und in Großbritannien höchste Anerkennung gefunden haben. Hier hat sie das komplizierte Thema der chinesischen Astrologie aufgegriffen und unter Derek Walters' sachkundiger Anleitung dieses schöne Set von Karten entworfen, die das Erstellen eines chinesischen Horoskop zu einer einfachen und kurzweiligen Aufgabe machen soll.

Helen Jones' Arbeiten in ihrem charakteristischen dreidimensionalen Stil haben in Europa und den USA in Bücher, Zeitschriften und Zeitungen Eingang gefunden; dazu gehört auch ein vollständiges Set von Tarot-Karten in Gestalt des Renaissance Tarot (von Jane Lyle), das weltweit Verbreitung fand. Ihre Arbeit findet vielfältige Formen – von CD-Hüllen bis zu Wandbildern für Geschäftseinrichtungen.

DANK

Helen Jones möchte folgenden Personen ihren Dank aussprechen: Nick für seine Unterstützung und Begeisterung für dieses Projekt von Anfang an; Tessa für die heroische Aufgabe, ein so kompliziertes Buch zu editieren; Pritty and Braz für ihre Arbeit an den wunderschönen Karten, die weit über das Maß bloßer Pflichterfüllung hinausging; und nicht zuletzt Derek für seine lehrreichen Informationen zu allen chinesischen Dingen.